나의 ——
—— 자존감
연대기 ——

그토록 찾아헤매던 행복은 결국 내 발 앞에 있었다

나의 자존감 연대기

초 판 1쇄 2019년 06월 24일

지은이 김미희
펴낸이 류종렬

펴낸곳 미다스북스
총괄실장 명상완
책임편집 이다경
책임진행 박새연, 김가영, 신은서
본문교정 최은혜, 강윤희, 정은희

등록 2001년 3월 21일 제2001-000040호
주소 서울시 마포구 양화로 133 서교타워 711호
전화 02) 322-7802~3
팩스 02) 6007-1845
블로그 http://blog.naver.com/midasbooks
전자주소 midasbooks@hanmail.net
페이스북 https://www.facebook.com/midasbooks425

© 김미희, 미다스북스 2019, *Printed in Korea*.

ISBN 978-89-6637-686-5 03190

값 15,000원

미다스북스는 다음세대에게 필요한 지혜와 교양을 생각합니다.

나의 ——— 자존감 연대기 ———

그토록 찾아헤매던 행복은
결국 내 발 앞에 있었다

김미희 지음

미다스북스

보다 행복한 삶,
자존감에서 시작됩니다

있는 그대로의 내 모습을 다른 사람들에게 보여주는 것을 극도로 싫어했다. 화장을 하지 않으면, 편한 차림을 하고 있으면 왠지 실망할 것 같았다. 나조차도 있는 그대로의 나를 좋아하지 않는데 다른 사람들이라고 좋게 봐줄 리가 없다는 생각을 했다. 언제부턴지 기억도 나지 않는 때부터 주변 사람을 의식하며 살고 있었다. 하지만 그렇게 신경 쓴다고 해서 모두에게 평판이 좋은 것도 아니었다.

드라마에서 보면 부모의 바람대로 삶을 살아온 주인공이 나중에는 감정이 폭발하여 묵혀왔던 속내를 마구 지르는 모습이 심심찮게 나온다. 좋은 대학 가라고 해서 공부만 했고, 좋은 직장 들어가서 좋은 사람 만나라고 해서 미친 듯이 일만 하다가 이제는 진짜 내가 사라졌다고 주인공은 소리지른다. 하지만 나는 많이 다르다. 공부 열심히 하라고 했는데 공부도 잘하지 못했고, 몸도 안 좋아서 회사 생활도 열심히 하지 못했다. 자신 감을 갖고 살라고 했지만 매사에 겁쟁이였다. 그렇다고 친구들과 추억을 쌓으며 놀지도 못했다.

다 크고 나니 아무것도 없는 지난날이 억울하고 속상해서 주변 사람들을 원망만 했다. 지금까지 왜 나만 이렇게 재미없고 무의미하게 살았을까 하고 가족, 친구, 지인들을 탓했다. 하지만 탓해봤자 미워하는 마음만 생기고 나아지는 것은 하나도 없었다. 그래서 처음에는 나에게 무슨 문제가 있는 줄 알고 나부터 바꿔보기로 했던 것이 나를 좀 더 들여다보는 계기가 된 것이다.

가족들과 있을 때의 나, 친구들과 있을 때의 나, 모르는 사람들 속에서의 나를 관찰하고 하나하나 알아갔다. 마치 자녀를 어린이집에 보내고 잘 지내는지, 말은 잘하는지 보는 것처럼 말이다. 어떤 상황에서 웃고 울고 화내는지 알 필요가 있었다. 모든 상황에서 참는 것만 강요받아서 나라는 사람이 무엇에 반응하는지 몰랐기 때문이다.

책을 쓰면서 내가 그동안 노력하고 경험했던 것들에 대해 체계적으로 생각하고 점검하게 되었다. 그 전까지는 나를 잘 알고 있다고 생각하고 가볍게만 넘기던 문제들을 이제는 '진짜 나'와 함께 얘기하며 풀어나가고 있다. 이 책을 펼친 여러분 중에도 자신을 너무나 잘 알고 있다고 생각하는 사람이 있을 것이다. 그러나 버킷리스트를 작성하면서 나는 그것이 착각이었다는 것을 바로 느낄 수 있었다. 몇 가지 적고 나면 내가 뭘 하고 싶은지, 바라는 게 뭐였는지 머릿속이 하애진다.

거기서부터 고민이 시작되면서 나를 좀 더 알고 싶어지고, 아는 만큼 나를 사랑하게 되었다. 신기하게도 지금은 나를 아끼는 마음이 충분해져서 그런지 살아가면서 자존감 때문에 많이 힘들어하는 일은 없다. 사소한 일에도 웃을 수 있고, 갑작스러운 문제 앞에서도 나를 해쳐가며 고민하지 않는다. 이런 하루하루를 보낼 수 있는 것이 비로소 행복이라는 것도 알게 됐다.

『답은 자존감이었다』에는 평생 외면당하며 살아갈 수도 있다는 어린아이의 불안함이 지금 어른이 된 몸 안에 그대로 남아 있는 나의 모습을 그렸다. 마음속의 살얼음판 위를 걷고 있는 어린아이를 달래며 자존감 높은 어른으로 성장하는 과정을 담았다. 나와 같은 생각을 하는 분들이 많을 거라 생각한다. 포기하고 싶어도 포기할 수 없기에 마지못해 지푸라기라도 잡아야 하는 심정을 너무나 잘 안다. 그런 분들에게 뻔한 형식적 위로보다 좀 더 사실적이고 구체적인 이야기를 해주고 싶다. 아픈 사람은 아파봤던 사람만이 이해하기 때문이다.

1장에서는 내가 그동안 힘들었던 이유에 대한 원인을, 2장에서는 자존감이 문제였다는 것을, 3장에서는 본격적으로 마음을 성형하는 방법을 풀어보았다. 예민하고 외롭던 학창 시절과 성인이 되고 난 후에도 뜻대로 풀리지 않는 상황 속에서 인간 김미희가 어떻게 버티고 무슨 생각을 하며 살았는지를 이야기했다. 4장에서는 어렵지 않고 효과적인 자존감 높이는 법을 기술했고 5장은 단단해진 자아를 행복하게 유지할 수 있는 것에 중점을 두었다.

늘 불행하다는 생각을 세뇌시키지 않아야 한다. 습관적 비관, 프로 우울러의 모습에서 벗어나는 것이 엄청나게 힘들고 아팠다. 이 책을 통해 망원경이나 현미경으로 그토록 찾아헤매던 행복이 결국 내 발 앞에 있었음을 알게 되기를 바란다. 행복을 찾느라 지금 이 순간의 또 다른 행복을 놓쳐서는 안 된다.

차례

 내 불행과 시련에 대한 고찰

 내가 겪은 자존감에 대한 모든 것

끊어지는 관계에 눈치를 본다 ｜ 모든 잘못
을 나에게서 찾는다 ｜ 시키는 것만 하며 살기
로 했다 ｜ 평가가 싫고, 실패가 두렵다 ｜ 하
고 싶은 것이 없다 ｜ 하루하루 시간만 보낸
다 ｜ 혼자 해내려고 아등바등한다 ｜ 관계에
서늘 '을'이 된다

1장

내 불행과
시련에 대한 고찰

끊어지는 관계에
눈치를 본다

"숨으면 지는 거야. 더 이상 숨지 마."
— 영화 〈스몰 솔저〉, 1998

첫 단추부터 그렇게 끼워졌다

나의 성향이 언제부터 내성적이고 소극적이게 된 건지 과거를 되짚어 보았다. 역시 정확한 포인트가 되는 시점은 없었다. 갑자기 어떤 사건을 전후로 정반대의 성격이 된 것은 아니다. 선천적으로 내향적이게 태어났지만 사춘기가 막 시작될 무렵 초등학생 때 있었던 사건이 이후의 성격에 가장 큰 영향을 미친 것 같다.

초등학교 6학년 때 횡단보도에서 사고가 났다. 너무 놀라서 피가 나는 머리를 붙잡고 근처 약국으로 달려가 무작정 약을 달라고 하는데 차 주인이 나를 병원으로 데리고 갔다. 차 주인은 우리 부모님께 나의 과실이 2:8로 더 많다고 하면서 치료비는 자기가 처리하겠다고 했다. 교통사고를 처음으로 당해서 너무 놀라 그때는 그런가 보다 하고 지나갔는데 지금 생각해보니 당한 것이다. 사고는 횡단보도 위에서 초록 불일 때 났으며 차 주인은 벼룩시장 신문기자였고, 자기가 아는 병원으로 날 데리고 갔기 때문이다. 그때 정수리 쪽을 부딪혀 꿰맸고 흉터가 생겼는데, 앞에서 보면 잘 안 보이지만 머리 위나 뒤에서는 손가락 한 마디 만한 흉터가 눈에 띈다.

며칠 뒤 같은 아파트에 사는 같은 반 남자아이가 내 머리를 손가락질하며 크게 웃었다. 우리 반 아이들에게 큰 소리로 내 머리에 땜빵이 있다고 말하며 놀려댔다. 세상에서 가장 수치스러운 순간이었다. 막 2차 성징이 시작되어 가슴이 커지는 것도 부끄러워 어깨를 움츠리고 다녔는데 머리에 땜빵까지…. 볼 때마다 놀리는 그 남자아이 때문에 학교도 가기 싫고 사람과 눈 마주치는 것이 싫었다. 시간이 갈수록 점점 심해져서 누가 날 쳐다보기만 해도 놀리고 비웃는 것이라고 느꼈다.

그때 착한 여자아이 몇 명과 친하게 지냈는데, 이 친구들도 언제 날 놀리고 떠날지 모른다는 두려움에 내 얘기는 하지 않고 무조건 맞춰주었다. 내가 먼저 친해지고 싶어서 다가가는 일도 없었다. '나를 싫어하는데 눈치 없이 다가가면 더 싫어할 거야.'라며 스스로를 가두고 혼자 있기를 자처하는 아이였다.

그랬던 나에게도 중학교 2학년 15살이 되어 드디어 남자친구가 생겼다. 남자친구는 나보다 한 살 어린 14살이었다. 남자친구는 같은 학교 밴드부의 드러머였다. 싸이월드와 드림위즈 지니라는 메신저가 한창 유행했을 때여서 각자의 집에서 채팅을 주로 하며 정이 들었다. 사귄다는 의미나 데이트라는 개념도 모를 때여서 챙겨준다거나 뭘 해야 하는지도 모르고 그저 좋아하는 마음만 가지고 있었다. 이성을 좋아하는 감정을 처음 느껴봐서 그런지 표현할 줄도 모르고 마냥 좋아만 했던 기억이 난다. 부모님이 집에 다 계실 때 서로 집에 놀러 가서 어릴 적 사진도 보고 과일도 먹고 같이 TV도 보고 놀다 오는 것이 나에겐 데이트였다.

처음부터 완벽한 사람은 없겠지만 지금도 가끔 그때를 돌이켜보면 정말 아무것도 모르는 순진했던 내가 생각나서 피식 웃음이 나온다. 서로 좋아해서 만나는 건데 뭐가 그렇게 창피하고 부끄러웠는지. 학교 복도를 걷다가 저 멀리서 남자친구가 보이면 이미 심장이 두근두근하고 막상 가까이 오면 너무 떨려서 인사만 하거나 눈만 마주치고 지나칠 때도 있었다. 좋아하는 건지 떨리는 건지 헷갈릴 정도로 심장이 터질 만큼 무척 떨렸다.

밴드부에서 보컬과 함께 가장 인기 많은 멤버는 드러머다. 특히 축제 기간이 되면 근처 학교에서 구경 온 여중, 여고생들이 많아서 축제가 너무 싫었다. 모두 내 남자친구를 보러 온 것도 아니고 단순히 학교 축제라서 구경 온 건데 남자친구를 뺏기기라도 하는 것처럼 불특정 다수에게 의미 없는 시기 질투와 불안을 느꼈다. 그도 그럴 것이 밴드부 순서가 끝나고 무대에서 내려오면 예쁘게 포장한 초콜릿이나 사탕 선물이 편지와 함께 전달되는가 하면, 선배 언니들에게 둘러싸여 대화하는 것을 여러 번 보았기 때문이다. 지금 같으면 당당하게 다가가서 포옹을 하든가 볼에 뽀뽀를 해서 무언으로 건들지 말라는 경고를 했겠지만, 아무것도 할 수 없던 나는 그저 멀리서 씁쓸하게 바라볼 수밖에 없었다.

내가 중3이 되었을 때 남자친구가 다른 학교로 전학을 갔다. 그래도 연락은 간간이 하며 남자친구의 친구 몇몇과도 친해졌다. 그 학교도 남녀공학인지라 여자인 친구도 알게 되었다. 학교생활을 내가 눈으로 확인할 수가 없어서 궁금하기도 하고 답답하기도 했는데 남자친구의 여사친(여자 사람 친구) 한 명과 친해져서 가끔 소식을 전해들을 수 있었다. 그러던 중 청천벽력 같은 이야기를 듣게 되었다. 남자친구가 집에 가는 버스 안에서 어떤 여학생과 장난치다가 여학생이 물고 있던 막대 사탕을 뺏어 먹었다는 것이다. 나는 이 말을 듣고 마치 〈사랑과 전쟁〉 드라마에서 불륜 현장을 목격한 사람처럼 심장이 철렁 내려앉고 세상을 다 잃은 듯했다. 막대 사탕을 같이 먹다니, 나에게 그것은 배신이었다.

그 얘기를 들은 후 단둘이 만났을 때 나는 남자친구의 얼굴을 똑바로 볼 수가 없었다. 만나자고 하면 왠지 헤어지자고 할 것 같고 다른 여자가 좋아졌다고 폭탄선언을 할 것 같아서 자꾸만 피해 다녔다. 이미 남자친구의 마음이 날 떠났고 헤어질 생각을 하고 있을 것이라고 단정지어버린 것이다.

나를 부정하는 사람과 직면한다는 것

그렇게 피해 다니기를 반복하다가 너무 피하는 것 같기도 하고 나도 남자친구가 보고 싶어서 오랜만에 만나기로 했다. 약속 장소에서 나는 시간을 좀 가져보자는 말을 듣게 되었다. 헤어지기 싫어서 몇 시간을 붙잡고 매달렸지만 남자친구가 힘들다며 눈물을 흘리기에 그렇게 하기로 하고 집으로 돌아왔다. 처음으로 좋아했던 남자에게 이유도 모르고 차인 기분이란 말로 다 표현할 수 없다. 누군가가 날 싫어해서 버림받았다는 충격에 감정을 주체할 수 없었다.

밥 먹다가 울고 자려고 누워서 울고 하도 울어서 안쓰러워 보였는지 한심해 보였는지, 그런 놈 때문에 울지 말라고 어머니에게 혼나기도 했다.

차라리 친구들과 같이 실컷 욕하거나 친구에게 기대 힘들다며 위로를 받거나 능동적으로 힘든 상태에서 벗어나려고 애썼다면 어땠을까? 지금 가장 후회하는 것은 아무에게도 말하지 않고 속으로 끙끙대며 혼자 참은 것이다. 힘든 것을 드러내고 얘기를 하면 약점을 잡아서 나를 흉볼 것이라 생각했다. 친구들은 나에게 이런저런 시시콜콜한 얘기도 하고 고민도 많이 털어놨다. 그때마다 나는 같이 기뻐하고 슬퍼하며 들어주었는데 무엇 때문에 내 이야기를 하는 것은 그토록 주저했을까.

다른 사람의 말은 무조건 들어주고 호응해주지만 내 속마음, 걱정거리, 안 좋은 일, 심지어 좋은 일까지도 말하기 싫어했다. 너무 오랫동안 습관이 되어서 당연하게 생각하고 있었는데 "네 얘기 좀 해봐, 넌 맨날 내 얘기만 들어주잖아."라는 친구의 말에 많은 생각을 하게 되었다. 그리고 막상 말을 하려고 해도 무엇부터 어떻게 꺼내야 할지 막막했다. 항상 들어주기만 하다가 내 얘기를 하려니 어색하기도 했다.

초등학생 때 교통사고로 생긴 흉터로 놀림당했던 기억이 나에겐 너무나 크고 아픈 사건이었다. 어린 나이에 공개적인 망신으로 감당하기 힘든 수치심을 경험했다. 가족이나 친구에게 힘들다고 왜 말하지 못했을까? 어쩌면 그때부터 난 '흉터'가 '약점'이고, '약점'은 '놀림거리'가 된다는 공식에 빠졌을 것이다. 그래서 고민을 쉽게 말할 수 없었다. 내 힘듦을 터놓는 것이 약점 잡힐 일이라고 믿게 되었다. 그로 인해 모든 관계에서 눈치를 보는 성격으로 지내게 되고, 이 성격은 점점 진화하여 급기야는 좋은 일이 있어도 잘난 척한다고 욕할까 봐 말을 아끼는 지경까지 이르렀다. 무엇을 해도 '결국은 사람들이 날 싫어할 것'이라는 전제가 생긴 것이다.

첫 남자친구에게 차인 이유도 사람과의 관계에서 눈치를 보았기 때문이다. 인기 많은 드러머 남자친구를 둔 평범한 여중생은 당연히 불안할 수밖에 없었다. 하지만 주변의 확실하지 않은 말들에 휘둘려 당사자에게 확인도 하지 않은 채 헛소문을 믿어버렸다. 그 후에 남자친구를 피했던 것도 헛소문을 믿고 눈치 보며 행동했기 때문이다. 오해가 생겼을 때 대놓고 물어보지 못한 것은 나에 대한 자신감이 없어서였다. 그래서 '나랑 만나는데 다른 여자를 만나다니'가 아니라, '내가 싫어져서 다른 여자를 만나는구나.'라고 단정지어버린 것이다. 무엇이든 처음부터 단정짓는 것은 좋지 않다. 하지만 이를 하루아침에 고칠 순 없다. '자신감을 가져!'라는 말로 자신감이 생기지는 않듯이 말이다.

누구의 어떤 말도 위로가 안 되겠지

좋다고 먼저 만나자고 해놓고 이젠 싫대

유치한 방법이라도 써서 최대한 복수하고 싶을 거야

하지만 이렇게 생각해본 적 있어?

관계를 끝내는 역할을 이번엔 상대방이 먼저 했을 뿐이야

내가 먼저 끊으면 '어쩔 수 없는 상황'으로 생각하면서

걔가 먼저 끊으면 버림받았다고 생각하진 않는지 잘 생각해봐

슬프고 힘든 감정 충분히 느꼈으면

천천히 일어나자

모든 잘못을
나에게서 찾는다

"너의 가치를 의심하는구나. 너 자신에게서 도망치면 안 돼."
– 영화 〈나니아 연대기: 새벽 출정호의 항해〉, 2010

나는 못생겼었다, 마음이

내가 중학생이었을 때에 또래 여자아이들이나 선배 언니들은 화장을 하고 교복을 줄이고 예쁜 사복을 입는 것에 관심이 많았다. 그에 비해 나는 예뻐지고 싶어도 그 당시 어떻게 꾸며야 하는지 완전히 무지의 상태였다. 교통사고 흉터를 가리기 위해 정수리에는 똑딱이 핀을 꽂고 교복도 펑퍼짐했으며 책가방은 거북이 등딱지만큼이나 크고 무거웠다. 학교에 가면 모든 여자아이가 예뻐 보였고 나만 못생긴 것 같았다. 예쁜 친구들이 끼리끼리 다니는 것을 보면서, 예뻐야 친구도 많이 사귈 수 있고, 예뻐야 인기도 많고, 예뻐야 학교생활을 잘할 수 있는 줄 알았다.

그러면서 모든 기준이 외모가 되기 시작했다. '나는 못생겨서 차였어.' 라는 생각을 세뇌하다시피 새겼다. 첫 남자친구 주변에는 항상 많은 여자들이 있었다. 학교에 '좀 노는' 언니들이 있었는데 얼굴도 예쁘고 말도 잘해서 나와 많이 비교됐을 것이다. 지금 생각해보면 누가 나에게 외모 지적을 하거나 뭐라고 한 적은 없다. 으레 그랬을 것이라 단정지은 것이다. 단정짓는다는 것은 종이에 '나는 이런 사람이에요.'라고 적어서 붙이고 다니는 것과 같다. 결국은 내가 적은 모습대로 행동하게 되고, 남들도 내가 적은 대로 보기 때문이다.

우리 가족은 다섯 식구다. 1살 차이 언니, 9살 차이 늦둥이 남동생, 그리고 가운데 나. 고등학생이 되기 전까지 우리 집은 매우 힘들었다. 경제적으로도 그랬지만 집안 분위기도 그리 밝지 못했다. 그때 부모님은 마음에 담아둔 화가 많으셨고, 언니와 나는 부모님과 자주 부딪쳤다. 하루는 친구에게 언니의 가방을 빌려주고 받지 못해서 어머니에게 혼났다. 나는 혼날 때 온몸이 달아오르면서 굳어버려서 아무 말도 할 수 없다. 매사 똑부러지게 행동하지 못해서 혼나고, 대답을 못해서 더 혼나는 일상이 반복되었다. 집을 생각하면 마음이 편안해야 하는데, 나는 집과 가까워질수록 두려움이 커져서 심장이 엄청 빨리 뛰었다. 부모님이 날 싫어한다고 생각했다. 분명 내가 잘못해서 혼나고 있었지만 부모님은 때때로 속에 쌓아둔 것이 터져서 감정이 주체가 되지 않는 듯 보였다.

나의 자존감 연대기

'내가 그렇게 미운가. 내가 그렇게 싫은가….'

학교에선 마음 터놓으며 진정한 친구라 할 만한 사람도 없고, 집에서도 식구들에게 인정받지 못한다는 생각에 하루하루가 우울했다. 겨우 십몇 년 살았지만 왜 사나 싶은 생각을 자주했다. 내가 성격이 밝거나 애교가 많았으면 사랑받았을까? 아니면 예쁘고 애교 많고 똑 부러지면 인정받았을까? 주변 사람에게 인정받는 것으로 나의 존재를 확인하고 싶었다. 나도 괜찮은 사람이라고 누가 말해주길 바랐다. 그러나 반전은 없었고 예상대로 그런 일은 일어나지 않았다. 인정받고 싶고 칭찬받고 싶은 만큼 상대에게 칭찬이나 좋은 말을 많이 해주게 되었다. 처음에는 서로 주고받고 싶어서 했지만 이제는 상대방이 기뻐해주면 그 행복감을 공유하는 것만으로도 나 역시 기분이 좋아져서 어느 정도 만족할 수 있게 됐다.

흔히 친구와 대화할 때 "나 살쪘어?"라고 물어보면 "아니, 안 쪘어 괜찮아."라는 말을 듣고 안심을 한다. 거의 대부분은 안 쪘다는 말을 듣고 싶어서 물어보는 것이다. 나도 친구에게 "나 지금 이상해?"라고 물어봤다면 "하나도 안 이상해. 괜찮은데?"라는 대답을 듣고 그 문제에 더 이상 시간을 쓰지 않았을 것이다. 그러나 나의 성격은 내 얘기를 거의 하지 않는 데다가 약점이라고 생각하는 것은 더더욱 감췄기 때문에 시간이 갈수록 잊히는 것이 아니라 곪을 수밖에 없었던 것이다.

나는 미움받았다, 나에게

내가 미움받았다는 이야기를 하는 이유는, 얼마 전까지도 부모님이 날 좋아하지 않는다고, 아니 싫어한다고 단정지은 채 살아왔기 때문이다. 부모님이 말씀해주신 적이 없어서 몰랐던 이야기를 스무 살이 넘어서 술 한 잔 같이하며 듣게 된 적이 있다. 그 당시 아버지는 물려받은 것도 없이 정말 아무것도 없는 상태에서 맨손으로 결혼하여 다섯 식구가 따뜻한 집에서 굶지 않고 살게 하는 것이 평생의 사명이었다고 한다. 힘들고 거친 삶에 적응하시느라고 성격도 많이 거칠어지셨다. 그 와중에 우리 삼 남매만큼은 이런 고통을 절대로 받지 않길 원하셨기 때문에 엄하게 키울 수밖에 없었다고 하셨다.

그때 어머니는 전업주부라서 아버지가 갖다 주시는 돈으로 혼자 독박 육아를 하셨다. 스트레스를 풀 사람도 없고 푸는 방법도 모르셔서 참다 참다가 우리에게 가끔씩 터져 나온 것 같다고 말씀하셨다. 그 이후에는 지금까지 휴식기 없이 일을 하시는데 어머니는 그것이 일이 아니라 본인의 숨통이 트이는 시간이라고 하신다.

돈 많이 벌어다 주는 어머니, 아버지가 아니라서 미안하다고 말씀하실 때 정말 마음이 많이 아팠다. 어렸을 때 칭찬 한번 못 들어봤다고 속상해한 것, 친구는 부모님이랑 친구처럼 지내는데 우리 부모님은 너무 무뚝뚝하고 딸내미를 사랑하지 않는 것 같다고 원망한 나 자신이 너무 한심했다. 언니와 나는 어머니를 닮아 애교가 없고 무뚝뚝하다. 그래도 말을 할 때 가볍게 하지 않고 진솔한 얘기를 하는 장점이 있다. 나뿐만이 아니라 가족을 볼 때도 단점만 보려고 했다는 걸 알고 나서 사고방식을 바꿔나가야겠다고 생각했다.

나는 모든 잘못을 나에게서 찾았다. 지금의 상황에서 부정적인 것만 들춰내어 굳이 안 해도 될 각인 작업을 열심히 하고 있었다. 한때 이해할 수 없었던 부모님의 마음을 이제는 충분히 이해하기 때문에 그 시절의 나도 이해해주려고 한다. 부모님이 날 싫어한 적은 없다. 오히려 더욱 사랑하셨기에 잘되라고 엄하게 키우신 것뿐이다. 그 오해가 풀리는 데 정말 오랜 시간이 걸렸다.

"밥은 먹었어?"
"뭐라도 챙겨 먹어."
"잘 먹고 다녀야지…."

부모님은 전화 통화를 하거나 만나면 내가 밥은 잘 챙겨 먹고 다니는지 항상 물어보신다. 처음에는 나한테 궁금한 게 밥 먹는 것밖에 없는 줄 알았다. 하지만 무뚝뚝한 부모님은 사랑한다는 표현을 이렇게 돌려서 하고 계셨던 것이다. 이제 나는 이 말을 들으면 필터링이 되어 들린다. "아픈 데는 없니? 타지에서 잘 지내는지 걱정된다. 아버지, 어머니는 우리 딸 사랑해…."

당연히 날 싫어할 거라는 부정적인 생각이 나비효과가 되어 작게는 한 사람의 자존감을 무너뜨리고 크게는 가족관계를 다치게 했다. 스스로를 미워하는 것은 성격의 문제가 아니다. 내가 그렇게 생각할 수밖에 없는 그 상황이다. '그때 그럴 수밖에 없었어.'라고 자꾸만 인지해야 한다. 그러고 나서 모든 잘못을 나에게서만 찾던 나를 위로해주자. 정말 미안했다고….

모든 사람이 너를 좋아할 수도 없지만

모든 사람이 너를 싫어할 수도 없어

처음에는 아주 작았던 부정적인 불씨에

너의 상상력이 더해져서

그것을 사실인 것처럼 생각하지 않았으면 해

모든 것은 확인하기 전까지

절대로 알 수 없으니까 말이야

시키는 것만 하며
살기로 했다

"남들 눈엔 부질없어 보여도 노력할 일이 있는 건 축복이지."
— 영화 〈에브리바디 원츠 썸(Everybody Wants Some)〉, 2016

편하게 사는 것이 자유로운 것인 줄 알았다

나를 미워하고 불신하는 것이 적정 수준을 넘어서니 모든 것에 의욕이
사라졌다. 살아가는 데 의욕이 없다는 건 무슨 의미일까? 오직 살기 위해
서 사는 것이다. 하고 싶은 것이 없고 궁금한 것도 없다. 이게 얼마나 무
서운 상태냐면 모든 것이 귀찮아진다. 씻고 청소하고 산책하고 가족과 대
화하는 모든 것이 무의미하기 때문에 할 필요성을 못 느낀다.

한때 나의 마음이 컬러 TV에서 흑백 TV로 잠시 바뀌었던 적이 있다.
그때는 주위의 시선도 크게 신경 쓰이지 않는다. 그마저도 귀찮고 항상
기분이 다운되어 있었다. 가장 감수성이 예민할 사춘기 시절에 잘 웃지도

나의 자존감 연대기

잘 말하지도 않는 아이가 되었다.

일단 무언가를 시도할 의지가 없기 때문에 수동적인 인간이 된다. 내 안에 반항심이 많았다면 남이 시키는 일도 하지 않고 내가 하고 싶은 것만 하며 살았지만, 수동적이라면 그 반대이다. 도대체 뭘 해야 하는지 몰랐기 때문에 스스로 결정해서 움직이는 법이 없고 누군가가 임무를 줘야만 움직였다. 게다가 궁금한 점이 생겨도 물어볼 의지조차 없었다. 부모님이나 선생님께 궁금한 점을 물어보면 내가 열심히 할 의지가 있는 것으로 간주하고 기대할 것이 뻔하기 때문이다. 그들의 기대에 실망을 주는 것은 상상조차 하기 싫어서 나는 기대감을 주지 않기 위해 질문도 하지 않았다. 그저 시키는 것만 잘해서 중간이라도 가자는 주의였다.

시키는 것만 하며 사는 것도 처음엔 나쁘지만은 않았다. 날 위해서 뭘 하면 좋을지 고민하지 않아도 되고 목표가 없으니 달성하는 데 필요한 스트레스도 받지 않는다. 어른들이 말하는 '속 편하게 산다'와 같은 맥락일 것이다. 하지만 시간이 지날수록 '이건 아닌데….'라는 알 수 없는 감정이 조금씩 생기기 시작했다.

사람들은 어떤 일을 시도하다가 안 됐을 때 처음부터 그만두지 않는다. 두 번, 세 번 계속해봐도 안 되면 그제야 '이건 내가 못하는 것'이라는 결론을 내린다. 하지만 시도하는 일마다 안 된다면 그때부터는 반복된 실패로 인해 자책을 하기 시작한다. 더불어 나에 대한 기대도 없어진다. 내가 하겠다고 나섰다가 안 되면 그에 따른 책임도 져야 하기 때문에, 책임을 회피하려고 시키는 것만 한다. 스스로 하향 평가하는 것이다.

바로 내가 다니는 회사 사람들만 봐도 알 수 있다. 이번 달 프로젝트에 도움이 될 것 같은 말을 하면 나선다고 험담할까 봐 겁나고 달성하지 못했을 때 멸시와 비웃음을 받을 생각에 겁이 나서 조용히 시키는 일만 하는 직장인이 대부분이다. 한 번 있기도 힘든 운이 여러 번 겹쳤을 때 흔히 우주의 기운이 모두 한 곳으로 향했다고 말한다. 좋은 일이 겹쳐서 오는 경우가 가끔 있지만 안 좋은 일이 겹치는 경우가 더 많다. 나야말로 온 우주의 기운이 나에게 향했다고 할 정도로 일이 꼬이고 꼬여 황당한 날이 있었다.

회사에 새벽 일찍 출근해야 하는 일이 생겨서 전날 오전 4시로 알람을 맞추고 잤는데 알람이 울리지 않아서 6시에 눈을 떴다. 일어나자마자 세수만 하고 정신없이 달려나가 버스를 타고 보니 오후 4시로 잘못 맞췄던 것이다. 얼마 지나지 않아 쿵 하고 버스가 멈춰 섰다. 옆 차선에서 갑자기 끼어든 차량 때문에 다닥다닥 붙어 있던 차들이 이중 추돌사고가 난 것이다. 기사님이 모두 내려서 다음 버스를 타라고 했고 나는 시간을 더 이상 지체할 수 없어서 택시를 타고 갔다. 회사에 도착하니 사무실은 텅 비어 있었다. 팀장님께 전화해보니 어제 단체 문자로 취소됐다는 문자를 보냈다고 했는데 전산상에 오류가 있었는지 나에게만 문자가 오지 않았던 것이다. 허무하게 집으로 돌아왔는데 우체국 기사님과 약속한 시간이 지나 이미 돌아가신 뒤였다.

이 상황에서 내가 통제할 수 있는 것은 없었다. 사람은 자신이 상황을 통제할 수 없다고 느낄 때 무기력해진다. 그날 나는 무언가에 의해서든 우연이든 하루가 통째로 꼬여버리는 것을 눈 뜨고 지켜보고만 있었다. 그냥 '재수가 없었네.' 하고 넘길 수도 있지만 하나하나에도 의미를 부여했던 나는 무기력해질 수밖에 없었다. 잘해보려고 노력해도 보란 듯이 어긋나게 되니 의욕이 사라져서 될 대로 되라며 자포자기했다.

실패에 너무 큰 의미를 부여하지 않기

꿈이 있는 사람, 목표가 있는 사람, 하다못해 자기가 좋아하는 가수의 콘서트를 보러 가는 사람의 눈빛에서도 반짝반짝 빛이 난다. 공통점은 본인의 삶을 능동적으로 살아간다는 것이다. 그러나 수동적인 사람의 눈에는 생기가 없다. 잘되면 다행 안되면 남 탓으로 생각해버리면 그만이다.

내가 왜 수동적으로 살아가는 것을 자처했는지 크게 두 가지로 나눠보니 반복되는 실패와 학습된 무기력으로 정리가 되었다. 공부를 열심히 했지만 등수가 오르지 않고 한 달 내내 야근을 해도 뚜렷한 업무 성과가 나오지 않는 등 내가 노력한 만큼의 결과가 나오지 않을 때 무기력해졌다. '나는 여기까지밖에 못하는구나.'라고 반복적으로 느낄 때, 즉 자신의 한계를 반복적으로 느낄 때 무기력이 학습되었다.

유명한 한계 학습 현상에 관한 연구 두 가지가 있다. 하나는 자기 몸길이의 137배나 뛸 수 있는 벼룩을 잡아다가 낮은 병 속에 가두는 것이다. 그러면 나중에는 병에서 나와도 병의 높이만큼만 뛸 수 있게 된다. 또 하나는 코끼리를 아주 작은 말뚝에 묶어두는 것인데, 코끼리는 아기 때부터 묶여 있었기 때문에 도망갈 시도조차 하지 않는 것이다.

이처럼 학습된 무기력이 안 좋은 이유는 시도 자체를 안 하기 때문이다. 서커스의 코끼리처럼 작은 말뚝에 묶여서 자신의 능력은 모른 채 시키는 것만 하며 살아가게 된다. 자기를 저평가하며 수동적으로 살아왔던 내가 가장 먼저 해야 할 것은 동기부여였다. 물질적인 보상을 주는 동기는 그 한 번으로 끝나기 때문에 지속될 수 없다. 따라서 심리적 만족감을 키우는 것이어야 한다. 성과를 내는 것이 목표가 아니라 성과를 내려고 노력하는 과정에서 일을 배우는 기회가 생겼다는 것 자체에 만족감을 느껴야 한다는 것이다. 결과 중심에서 과정 중심으로 시선을 바꾸는 노력이 필요하다. 결과 중심으로 살면 성공과 실패 두 가지 실패를 경험하는 일이 평균적으로 더 많기 때문이다.

실패 → 무기력 → 수동적

여기서 가장 처음에 있는 실패라는 요인을 내적 만족감으로 바꿔준다면 수동적인 삶에서 벗어나기 쉬워질 것이다. 예를 들어 반 등수 20등에서 15등까지 올라가는 게 목표였는데 17등에 그쳤다면 보통 '15등까지는 무리인가, 어차피 공부해도 안 올라가면 대충 해야지.'라고 생각할 수 있다. 그러나 여기서 내적 만족감을 느끼려면, '노력하니까 올라가긴 하네, 조금만 더하면 나도 점점 올릴 수 있겠다.'라는 생각을 해야 한다. 그러면 목표를 한 번에 달성하지 못했지만 '나도 가능성이 있는 아이구나.' 하며 위로를 하게 되고 공부에 대한 목표가 생겨 능동적으로 학습하게 된다. 오늘부터 실패를 실패로 받아들이지 말고 내적 만족감으로 바꿔서 주입하려 노력해보자. 또 다른 동기부여가 될 것이다.

마음잡고 잘해보려고 해도 또다시 미끄러지고
그런 일이 한두 번에서 그치지 않고
반복적으로 일어난다면
정말 힘들고 지친다는 걸 알아

그럴 때마다
나는 '평생 안되겠어? 기대하지 말고
그냥 해보자.'라고 생각하고
습관적으로 다시 도전하곤 해
도전이라는 걸 나에게도 비밀로 한 채

평가가 싫고,
실패가 두렵다

"넌 지금 당첨될 복권을 깔고 앉아 있으면서도
너무 겁이 많아 돈으로 못 바꾸는 꼴이야."
— 영화 〈굿 윌 헌팅(Good Will Hunting)〉, 1997

칭찬은 나를 멈춰 있게 했다

학교에서 선생님 근처에 앉는 걸 좋아했다. 이름 순이나 키 순으로 앉아도 나는 앞줄이었다. 선생님들은 수업 시간, 쉬는 시간에 친한 학생이나 앞자리에 앉아 있는 학생에게 가끔 심부름을 시키신다. 심부름은 보통 무얼 가져오거나 전달하고 오는 것 등이었는데 난이도가 낮아서 부담감이 없다. 또 성적과 상관없이 할 수 있는 일이고 실패할 확률이 없기 때문에 일종의 중독이 되어 계속하게 되었다. 그 당시 '착하다'는 말은 나에게 최고의 칭찬이었다. 선생님께 대들지도 않고 말대꾸도 안 하고 시키는 일도 잘하는 학생은 다루기도 쉬웠을 것이다. 다른 곳에서 성취감을 느낄 수 없던 시절, 선생님의 심부름은 나에게 삶의 의미가 되었던 것 같다. 칭찬받고 돌아갈 때마다 오늘도 인정받았다며 뿌듯해했다. 그럴수록 나는 스스로 세뇌하였다. '더 착해져야 해, 더 말을 잘 들어야 해.'

하지만 자의적으로 해야 하는 것에 대한 불안함이 있었다. '네가 하고 싶은 대로 한번 해봐.'라든지 '알아서 해.'라는 말을 듣는 순간 머릿속이 하얘진다. 선택을 하는 것 자체가 두려웠기 때문이다. 선택하기를 두려워하는 것은 나의 선택이 좋지 않은 결과를 가져오게 됐을 때 책임져야 하는 부담감 때문이었다. 카페, 식당에서 음료나 음식을 포장해갈 때 아무거나 사 오라든지 맛있는 것으로 사 오라는 말을 들을 때면 정말 난감하다. 아니면 회사에서 업무 처리의 방법이 여러 가지가 있을 때 나에게 선택권을 주면 결과가 어떻게 될지부터 걱정하며 선택 장애를 겪는다. 사실 선택에 따른 결과는 누구도 알 수 없다. 어떤 것이 더 좋은지 알 수 없기에 선택해야 하는 것이고, 답이 정해져 있다면 선택 자체를 할 일이 없었을 것이다.

수많은 선택의 순간에 남들에게 결정권을 넘겨주며 책임을 회피하는 삶을 살았다. 그렇게 대학생이 되고 학교에서 2년 동안 과대표와 부과대표를 했다. 교수님과 조교님이 시키는 것을 하면 되는 자리였다. 조교님의 전달 사항을 학생들에게 전달하고 학생들이 물어보는 것이 있으면 확인 후 답을 주면 되었기 때문에 어렵지 않았다. 답이 있는 문제는 나에게 안정감을 주었다. 그렇게 대학 생활도 무난히 지나갈 것만 같았다.

하루는 교양수업 시간에 개인 PPT 발표를 하는 자리가 있었다. PPT라는 프로그램을 과제 때문에 처음 사용하게 되어서 거의 기본적인 기능만 사용하였다. PPT의 특성상 발표 내용은 한 줄로 요약하고 발표할 때 말로 풀어서 해야 하는데, 나는 말할 내용을 모두 PPT에 적어서 발표하였다. 발표가 끝난 뒤에 교수님이 나를 그 자리에 세운 뒤 말씀하셨다.

"PPT에 대해서 공부 좀 해야겠어. 핵심 정리를 안 하고 서술형으로 꽉 채워버리면 어떡하나?"

우리 과의 모든 학생 앞에서 공개적으로 지적을 당하니 빨리 자리에 가서 앉고 싶은 마음에 "네, 알겠습니다."라고 한 뒤 아무렇지 않은 것처럼 보이기 위해 억지로 웃었다. 곤란한 상황을 빨리 벗어나려고 대충 웃어 보인 것을 보셨는지 교수님께서 한 말씀 더하셨다.

"김미희 양은 항상 밝아. 잘 웃는 건 좋지만 그런 식으로 하면 발전이 없어."

그날 수업이 끝난 뒤에 교수님의 마지막 말씀이 계속 머리에 맴돌았다. 왠지 잘못을 저지르고 도망 다니다가 딱 걸린 듯한 기분이었다. 지금까지 시키는 것만 하면서 뿌듯해했던 날들이 너무나 창피했다. 시켜서 하는 일은 내가 아니어도 누구나 할 수 있는 일이다.

이렇게 나만의 역량을 보여줘야 하는 개별 과제 시간에 아무것도 할 줄 모르는 내 모습이 드러나고 나니 내가 너무 쉽게만 살려고 했다는 생각이 들었다. 지금까지 자기 합리화했던 모든 것이 통하지 않았다. 나는 모르는 것을 배워서 익히려고 하지 않았다. 잘 웃고 착한 학생의 이미지인 '김미희'를 교수님들이 좋아하신다는 걸 이용해서 웃음으로 대충 때우려고 했다는 걸 인정하기로 했다.

또한 상처받기 싫다는 핑계로 뭐든지 대충 넘기며 살다가 나중에 30대, 40대가 되었을 때 할 줄 아는 것이 아무것도 없는 나를 상상하게 되었다. 내가 나에게 실망하고 부모님과 주변 사람들이 나에게 실망하는 것을 상상하니 견디기 힘들었다. 하지만 당장 어떻게 고쳐나가야 할지 막막했다.

일단 '착한 아이 콤플렉스'를 벗어나야 했다. 남들에게 착하게 보여야 하고 좋은 말만 해줘야 하고 내 감정을 무시한 채 반대되는 행동을 하기 때문에 나에 대해 진실하게 생각해본 적이 없기 때문이다. 이런 것들을 인지하기 시작하면서부터 한 가지 부작용이 있었다. 부탁을 들어주면 감사 인사를 받거나 칭찬을 듣게 되는데, 나를 움직이게 하려고 일부러 칭찬을 해주는 건 아닌지 다시 한 번 생각을 해보게 되었다. 진심으로 해주는 말이 대부분일 테지만 느낌상 아닌 것도 몇 번 있었다.

성공 레벨보다 실패 레벨을 올리자

실패하는 것이 두려워 시키는 일만 했다기보다는 주변의 시선이 두렵다는 표현이 더 가깝겠다. 다른 사람이 나를 보기만 해도 괜히 험담을 할 것 같고 비웃을 것 같은 것은 내가 생각한 대로 보기 때문이다. 남들은 내가 어떤 행동을 했기 때문에 쳐다보는 것이지 잘못해서 쳐다보는 것이 아님을 알아야 한다. 의외로 사람들은 타인의 실수에 관대하다. 며칠 전이든 몇 달 전이든 타인이 길거리에서 넘어지거나, 버스를 타려고 달려가는데 버스가 쌩하고 지나가 버리는 걸 본 적이 있을 것이다. 그 사람은 굉장히 창피하고 모든 사람이 자기를 보며 속으로 웃고 놀릴 것이라고 생각하지만 실제로 그 기억은 우리 머릿속에서 잊힌 지 오래다. 그 일을 겪었던 본인만 그 상황에 묶여서 오랫동안 창피해한다.

그렇기 때문에 주변의 시선을 그리 크게 받아들이지 말고 각자 해야 할 일을 하면 된다. 행동에 대한 결과를 미리 실패로 짐작하여 행하지 않는다면 우린 걱정만 하다가 아무것도 하지 못할 것이다. '말 잘 듣네, 착하네, 고분고분하네.' 등의 말을 들으면 기분이 썩 좋지 않아야 한다. 나를 규정하는 이런 말들은 더 이상 칭찬이 아니기 때문이다. 조용히 말만 잘 듣는 사람보다는 욕심이 있고 자기 주관이 있고 원하는 것에 대해서 주도적으로 이끌어가는 사람이 훨씬 더 멋있다. 한편으로는 존경스럽다. 실제로 자기가 원하는 대로 사는 사람은 그리 많지 않기 때문이다.

수동적인 사람에서 능동적인 사람으로 변화하기 위해서 때로는 무덤덤하고 때로는 예민해져야 한다. 안 좋은 일이 있을 때는 최대한 무덤덤해지려고 하되, 좋은 일이 있을 때는 굉장히 크게 생각하고 예민하게 받아들여야 한다. 좋았던 기억이 그렇게 조금씩 쌓여가면서 확장되면 본인을 발전 가능성이 있는 사람으로 보게 된다. 점점 실패에 연연하지 않고 행동할 수 있는 사람이 된다는 것이다. 게임을 하더라도 지는 것이 싫어서 한 번밖에 안 한 사람과 열 번 한 사람과의 실력 차이는 분명히 다르다. 나도 핸드폰 게임을 다운로드했다가 계속 지는 게 싫어서 몇 분 이내로 삭제하는데, 모든 것을 처음부터 성공할 수 없다는 것을 받아들여야만 다음 단계로 넘어갈 수 있다. 실패도 다 같은 실패가 아니다. 자기 주도적으로 온전히 집중하여 실패했을 때 점점 성공과 가까운 실패를 할 수 있는 것이다.

'평가'라는 단어가 사람을 위축되게 하는 것 같아

그 평가의 결과가 나를 규정하고

단언할 수 있는 건 아닌데 말이야

하지만 그건 그때의 평가일 뿐이고

한 달 후, 일 년 후의 평가는

달라졌다는 걸 보여주겠다는 마음으로

아무도 알아주지 않을 때 한 걸음씩 걸어갔어

오히려 누구도 내게 주목하지 않을 때가 기회야

어느샌가 달라진 모습을 보여주자

하고 싶은 것이 없다

"내가 너희들에게 어떻게 해야 하는지 말해줬으면 좋겠지?
누구의 말도 더는 듣지 마. 네가 할 수 있는, 하고 싶은 일을 해."
— 영화 〈찰리 바틀렛(Charlie Bartlett)〉, 2007

스스로 제약을 두어 아무것도 하지 못했다

앞서 실패할 것을 두려워하지 말고 능동적으로 도전하기로 했지만 문제는 따로 있었다. 바로 하고 싶은 게 없는 것이었다. 지금도 주변에서 이것저것 하고 싶은 것이 많은 사람을 보면 정말 신기하다. 오로지 자기 안의 욕구를 주변 의식하지 않고 당당히 표출하는 것이 부러웠다. 나는 남 눈치 보는 것을 고치 것이 이렇게 오래 걸리는 일인 줄 몰랐다. 아직도 눈치를 보긴 하지만 이성적으로 생각했을 때 눈치 볼 이유가 없다면 눈 딱 감고 그냥 하려고 한다.

반면에 하고 싶은 것이 어쩌다 생긴다 하더라도, 잘못하거나 중간에 포기하면 주위 사람들이 기대했다가 흉볼까 봐 생각만 하다 포기하는 경우가 많다. 영어 공부를 다시 해보고 싶고 포토샵을 배우고 싶었다. 그러나 뭔가를 배우면 그에 따른 결과를 기대하는 정서상, 영어 공부를 하면 토익, 토플, 토스, 텝스 등 영어 공인시험에서 높은 성적을 얻고 회화가 가능한 수준을 기대한다. 또 포토샵을 배우면 TV에 나오는 모든 효과와 원하는 문서를 만들 수 있을 것이라고 기대하기 때문에 그 정도까지 못할 것 같으면 아예 포기해버리는 것이다. 그렇게 하나씩 포기하다 보니 이제는 하고 싶은 것이 무엇인지도 모르겠고 잠깐 생각나더라도 이런저런 걱정에 부딪혀 금방 사그라들게 되었다.

시키는 것만 잘하는 것과 하고 싶은 것이 없는 것은 조금 다르다. 전자는 하고 싶은 것이 있지만 후에 따라오는 책임을 회피하고 싶어서 시키는 것만 하는 것이다. 도리어 후자는 그 모든 것이 섞여서 머릿속에서 갈팡질팡하다가 다 포기해버리고 의욕조차 사라지는 것이다. 스스로 의욕을 억누르고 있는 것인지 모르고 원래부터 하고 싶은 것이 없는 사람인 것처럼 산다.

모두에게 칭찬을 들을 수는 없다. 게다가 꼭 칭찬을 들어야 하는 것도 아니다. 스스로 만족하면 되는 것인데 나는 부정적인 말을 듣는 것에 대한 극도의 공포가 있었다. 단지 말하는 사람의 개인적인 생각이고 의견일 뿐인데 말이다. 하루는 자주 가는 맛집에 친구를 데리고 갔다. 그런데 그날따라 원래 먹던 맛이 안 나는 것이었다. 내가 생각해도 별로였지만 친구의 입에서 직접 "내 입에는 안 맞는다. 별로야."라는 말을 들으니 기분이 안 좋았다. 친구는 내가 별로라는 것이 아니라 음식 맛이 별로라고 하는 것이란 걸 알면서도 왠지 나를 부정당하는 느낌이 들었다. 맛이 별로였어도 생각해서 데려온 나를 봐서 '괜찮네.' 정도만 해주면 좋았을 텐데 하고 친구를 탓하기도 했다. 친구가 잘못한 것은 아무것도 없다. 내가 잘못한 것도 없다. 다만 상대방이 나를 좋게 봐주거나 좋게 말해줬으면 하는 기대 심리가 있다는 걸 알았다.

지금 생각해보니 그것은 굉장히 이기적인 마음이었다. 무조건 나를 인정해주고 다 받아달라는 것 아닌가. 좋은 말만 듣고 싶고 안 좋은 말은 듣기 싫어하는 어린아이 같은 마음이었다. '뭘 하든지 끝까지 지켜보며 좋게 봐주겠다고 약속하면 해볼게.'와 다르지 않았다. 하고 싶은 일을 하는 것은 조건부 행동이 아니다. 사회적으로 옳지 않거나 주위에 많은 피해를 주지 않는 법의 테두리 안에서, 개인이 하고 싶은 것은 조건 없이 당연히 해야 마땅하다.

하고 싶은 마음에서만 끝나지 않아야 한다

고3 때 이야기이다. 이미 고등학교 2학년 때 문과와 이과의 갈림길에서 부모님의 뜻대로 '졸업해서 할 게 많은' 이과를 선택한 상태였다. 그때에도 하고 싶은 것이 딱히 없어서 어른들에게 선택을 미뤘다. 그리고 고3이 끝나가고 대학 진학을 위하여 학과 선택을 할 때가 되어서야 진지하게 난 뭘 하고 싶은지에 대해 고민해보았다. 선택을 미뤘더니 또 다른 선택이 기다리고 있었다. 이젠 정말로 정해야 할 때였다. 잘하는 것은 없고 급하게 좋아하는 것을 떠올려보았다. 어릴 때부터 아이를 좋아하여 유아교육과를 가면 되겠다고 생각했다. 그러나 가고 싶은 과와 갈 수 있는 과는 달랐다. 유아교육과는 경쟁률이 굉장히 높은 과로 세 손가락 안에 꼽혔다. 공부에 소질이 없던 터라 담임선생님과 함께 수시 성적을 놓고 갈 수 있는 과들을 보았다. 컴퓨터 정보관리과로 정했다. 컴퓨터 관련 학과가 대학 졸업 후에 선택할 직업이 많고 나의 성적으로 갈 수 있다는 이유에서였다. 대학 입학을 했지만 관심도 없고 소질도 없는 과목이라 시험도 외워서 보고 출석 일수만 채우는 수준이었다.

그에 비해 단짝 친구는 본인이 하고 싶은 것을 생각할 때 자기의 능력에 제한을 두지 않고 여러 가지를 하고 싶어 했다. 하고 싶은 게 너무 많아서 한 가지만 정하기가 너무 힘들다며 행복한 고민을 하던 그 표정을 잊을 수가 없다. 너무나도 행복해했다. 지금은 하고 싶었던 것을 차례대로 시도해보고 자기에게 맞는 것을 찾아 평생 직업으로서 키워나가고 있다. 물론 중간에 맞지 않는 꿈을 접을 때 힘들어하기도 하였지만 다른 꿈을 시작하는 설렘으로 극복하는 것을 보았다. 그런 과정을 옆에서 지켜보면서 부럽기도 하고 대단하다고 생각했다. 심지어 내성적인 성격이 나와 굉장히 비슷했던 친구가 꿈에 도전하는 데는 나와 정반대로 행동하는 것을 보고 때로는 존경스럽기까지 했다.

친구와 나의 차이점은 무엇일까? 첫째는 하고 싶은 것을 생각할 때 제한을 두지 않는 것이다. 둘째는 심호흡 한번 크게 쉬고 바로 부딪혀본다는 것이고, 셋째는 노력해도 안될 때 과감히 포기할 줄 아는 것이다. 나는 이 모든 것을 하기에 앞서 온갖 상상과 걱정을 한다. 그 과정에서 90% 정도는 포기한다. 하고 싶은 것이 없다는 것은 정말 하고 싶은 것이 없어서가 아니다. 내가 나를 한계에 가두고 '못할 걸?'이라는 커다란 짐을 떠받들고 서 있는 것일지도 모른다. '못할 걸?'이라는 것은 나조차도 결과에 대해 장담하지 못한다는 것이다. 이렇게 단순히 나를 저평가한 예상만으로 아무것도 못하게 하는 것은 억울하지 않은가. 정말 하는지 못하는지는 아무도 모른다. 해봐야 안다. 본인에게 확인할 기회는 주자.

혹시 혼동하여 하고 싶은 것과 본능적 욕구를 같은 것으로 엮어서는 안

나의 자존감 연대기

된다. 나의 주체성을 느끼면서 진정한 꿈이라고 할 만한 것들을 찾아가는 과정이라면 너무나 의미 있고 가치 있는 일이다. 하지만 하고 싶은 대로 다 하고 살 거라는 어긋난 욕구 충족으로 받아들여서는 안 된다. 선택을 할 때 결과까지도 감수하고 이겨내겠다는 마음가짐으로 집중하여 선택하면 실패하더라도 얻어지는 게 있다. 또, 주변에 나와 같은 상황의 무기력한 사람이 있다고 해서 힘을 주고 싶어 괜한 오지랖을 부리지 않았으면 한다. 바로 남동생에게 내가 그랬기 때문이다. 혼자만의 고민이고 충분히 시간을 가져야 하는데 아홉 살 차이 나는 늦둥이라 그런지 잘되길 바라는 마음에 참견을 많이 했다. 좋은 의견이 있으면 물어보고, 하고 싶은 게 뭔지, 뭐가 되고 싶은지, 배우고 싶은 게 있는지 몰아붙이듯이 대답을 강요했다. 오히려 옆에서 부추기니까 본인의 의지가 생기다가도 없어지는 것 같았다. 그 이후에는 동생이 물어보는 것에 대답과 간단한 정보만 주고 혼자 생각하도록 시간을 준다.

하고 싶은 것, 할 수 있는 것, 좋아하는 것을 찾는 것은
매우 중요한 일이야
하지만 언제 찾을수 있을지 아무도 알 수 없어,
심지어 본인도

친구들은 이미 꿈이 있고
목표를 정해서 앞으로 나아가는 것만 같은데
나는 아직도 하고 싶은 것을 못 찾았다며
좌절할 필요는 없다는 거지
초조하게 생각해서 스스로를 괴롭히고 있지는 않니?

여행을 가면 밥을 먹는 것,
물건 하나를 사는 것조차 낯설고 새롭듯이
일어나는 모든 일을 당연하게 넘기지 말고
낯설게 보는 눈을 가져 봐
언젠간 새롭게 보이는 것이 있을 거야

하루하루
시간만 보낸다

"복권에 당첨이 되려면 먼저 복권 살 돈부터 벌어야지."
– 영화 〈나이트 크롤러(Nightcrawler)〉, 2014

하루하루를 그저 살기만 했다

지금에서야 가장 아깝고 후회되는 것이 있다. 친구들과 신나게 놀지도, 그렇다고 공부를 열심히 하지도 않은 지나간 시간들이다. 지인들과 대화를 하다 보면 친구와 중고등학교 시절에 있던 에피소드를 풀어놓는 것만으로도 그때가 회상되는지 매우 즐거워하는 사람이 있다. 그런 사람들을 볼 때면 너무나 부럽다. 다시는 만들 수 없고 돌아갈 수도 없는 그 시절의 추억이 꽉 차 있기 때문이다. 추억이 없는 대신에 성적이라도 좋게 남았으면 좋으련만 그렇지도 않다. 공부를 잘하고 싶었지만 방법을 몰라 필기만 열심히 하다가 끝났다. 그렇게 어중간하게 살았던 시간만 합치면 필요한 자격증을 모두 따고 책도 엄청 읽고 누구보다 신나게 놀 수 있을 것 같다. 하지만 그때의 나로 돌아가도 나는 아마 똑같이 할 것이다.

"낭비한 시간에 대한 후회는 더 큰 시간 낭비이다."

미국 출신의 유명한 작가인 메이슨 쿨리가 남긴 말이다. 과거를 후회하고 되돌리고 싶은 마음에 과거를 회상하며 계속해서 후회만 하며 살아가는 사람들이 많다. 잘한 일이든 못한 일이든 과거에 한 행동은 내가 선택한 것이다. 그 당시에는 최선이라 생각한 것이기에 잘못했다고 자책하거나 후회하지 말아야 한다. 한국사 수업 시간에 선생님이 많이 하시는 말씀이 있다. 과거를 알면 미래를 알고 대비할 수 있다는 것이다. 과거에서 후회 대신에 교훈을 얻어야 같은 실수를 반복하지 않기 때문이다.

나의 과거사를 돌이켜보았다. 학생 때는 학교, 성인이 되어서는 회사에 다녀와서 저녁을 먹고 TV를 보다가 내일 일어나기 위해 잠드는 하루하루를 보냈다. 그야말로 시간만 잡아먹고 사는 타임 킬러였다. 하루를 '사는 것' 외에는 아무것도 하지 않았다. 인생은 매일매일 출석체크만 한다고 잘 보내고 있는 것이 아닌데 말이다. 내 시간의 주인은 나인데 관리하기를 포기한 채 허공에 날리고 있었다.

부모님은 무조건 공부를 잘해야 성공한다고 하시니, 거기에 대고 공부 안 하고 취미생활을 찾을 엄두도 못 냈다. 그렇다고 공부를 하기는 더 싫었다. 아무것도 하기 싫었던 붕 떠버린 시간에 할 수 있는 거라곤 컴퓨터 게임밖에 없었다. 나는 가족이 아침에 일어나기 전까지 새벽 내내 게임을 했다. 게임에 빠져든 것은 재밌어서가 아니라 현실을 똑바로 쳐다보기 싫어서였다. 잠들기 전에 '길었던 오늘 하루도 겨우 넘겼는데 내일은 어떻게 보내지.'라고 생각했으니 다른 사람이 들었으면 얼마나 한심하고 게을러 보였을까 싶다. 지금은 하루가 너무 짧고 시간이 부족하다. 내가 세 명쯤 있었으면 좋겠다. 할 수만 있다면 그때 그냥 흘려보낸 시간을 끌어다 쓰고 싶다.

당시 하루에 4시간씩 새벽마다 게임을 했다. 그 시간을 일주일 모으면 28시간, 한 달이면 120시간이다. 독서는 한 번에 4시간이 아니라 40분도 앉아서 못 하는데 게임은 하루 종일 해도 질리지 않았다. 하면 할수록 중독되고 있다는 걸 느끼면서도 점점 더 빠져들었다. 현실로 돌아가기가 무서웠다. 이미 오랫동안 손을 놔버려서 어디서부터 고쳐야 할지 몰랐기 때문이다. 당장 그만둔다고 해도 할 수 있는 게 없었다. 물론 정신 차리고 공부 좀 다시 해보려고 책상 앞에 앉았던 적도 있었지만 마지못해 하는 공부는 죽을 맛이었다. 공부법을 몰라 무턱대고 밑줄 긋고 통으로 외우니 시간은 시간대로 걸리고 성적도 오르지 않아 금방 그만두었다.

안 좋은 습관은 줄이는 것이 아니라 한 번에 끊어야 한다

1시간이 쌓여 하루가 되고 하루가 쌓여 1달 그리고 1년이 된다. 이는 시간을 낭비하는 것이 인생을 낭비하는 것과 같다는 것을 뜻한다. 요즘 사회적으로도 디지털 기기에 중독된 사람들이 늘어나고 있다. 오죽하면 수능이 1년도 채 안 남은 고3 학생들 사이에서 스마트폰을 폴더폰으로 바꾸는 것이 유행하고 있겠는가. 학생들은 성적이 떨어지고 직장인은 밤새 잠을 못 이룬 채 출근을 하고 친구와 가족, 연인을 앞에 두고도 스마트폰을 보느라 소홀히 대하는 일이 빈번하게 일어나고 있다.

스마트폰과 TV, PC 등에 시간을 허비하지 않으려면 내가 그것을 통제할 수 있어야 한다. 조절하지 못하면 나도 모르는 사이 순식간에 지배당하기 때문이다. 시간을 매우 낭비하며 목표 없는 삶을 살았지만 갑자기 바꿔보겠다고 해서 간절한 목표가 생기진 않는다. 일단 그 시간을 대체할 다른 생산적인 것을 찾아보자. 걷기나 책 읽기, 간단한 취미 찾기, 가능한 목표 세우기 등 행동하면서 동시에 생각도 같이 할 수 있는 것들로 말이다.

평소 친구들에게 멍 때리고 있냐는 말을 많이 듣는 편이다. 온갖 두서없는 고민과 잡생각을 하느라 머릿속이 복잡하고 시선은 초점 없이 흐리

나의 자존감 연대기

멍멍했다. 그러다 덜컥 겁이 났다. '이렇게 쭉 살다가 나중에 밥벌이는 제대로 할 수 있을까? 결혼은 할 수 있을까? 영원히 학생으로 사는 게 아닌데, 졸업하면 뭐 해서 먹고살지?' 하는 막연한 두려움이 생겼다. 친구들은 그런 나에게 장난 반, 진담 반으로 '나중에 누가 너 데려갈지 참 고생하겠다.'라는 말을 자주 했다. 지금 들었다면 화를 내야 하지만 그때는 별로 화가 나지 않았다. 정말 그럴 것 같았다. 이뤄놓은 것도, 가진 것도 없을 테니 알아서 모든 걸 해주는 사람을 만나면 좋겠다고 생각했으니 말이다.

내가 시간만 잡아먹고 사는 타임 킬러라는 것을 자각하고 나서도 바로 시간을 합리적으로 쓰거나 그러진 못했다. 대신 컴퓨터에서 아예 손을 떼버렸다. 꼭 필요한 검색을 하거나 숙제용으로만 사용했다. 다시 빠져들면 안 될 것 같았고 겨우 빠져나오고 나니 모니터 앞에 앉기가 정말 싫고 지겨워졌다. 생각이 너무 많아서 중요한 일을 잊어버리고 하지 못한 채로 하루하루를 보내는 분들이 꽤 있을 것이다. 나도 그런 사람에 속했기에 전날 저녁에 나를 위한 하루 시간표를 작성했다. 아침에 일어나서 저녁에 잠들 때까지의 스케줄을 계획하는 것이 아니라, 다음 날 해야 할 일들을 적고 수행할 예상 시간을 적었다. 시간은 약간 넉넉히 해야 돌발 상황이 생겨도 유연하게 처리할 수 있다.

나에겐 '소극적 완벽주의자'의 성향이 있다. 완벽하게 못 할 것 같으면 아예 안 하는 사람을 말한다. 일을 미루고 안 할 수 있는 아주 좋은 자기 합리화 방법이다. 그래서 시간표를 만들 때 시간을 딱 맞게 했다가 정해둔 시간을 넘겨버리면 그때부터 시간표에 있는 것을 하지 않거나 무기한 연장하기도 하고 시간표 작성하는 것을 그날 이후로 안 하게 될 수 있기 때문에 항상 여유 있는 계획이 중요하다. 매일 아침 출근길에 별로 없는 옷 중에서 뭘 입고 갈지 20분 이상 허비하는 바람에 항상 아슬아슬하게 도착하기 때문에 전날 잠들기 전 미리 입을 옷을 정해두는 것이 좋다. 그리고 출퇴근 시간이 1시간 정도, 왕복 2시간 이상 걸리기 때문에 읽고 싶은 책을 출퇴근 시간에 지옥철이나 버스에 앉아서 보면서 갔다. 희한하게 좁아서 그런지 집중이 잘되었다. 그렇게 책을 보면 3~4일에 한 권의 책을 보게 된다. 책을 보거나 갖고 다니는 게 힘들면 오디오북이라는 서비스에서 읽어주는 책을 들으면서 다니는 것도 가능하다. 아침부터 생산성 있는 행동을 하며 시간을 알차게 썼다는 보람을 느끼기 때문에 나머지 시간도 잘 쓰고 싶어지게 된다.

이렇게 작은 것 하나부터 조금씩 바꿔가다 보면 시간을 낭비하고 싶어도 할 수가 없다. 나를 바꾼다는 의식을 하는 순간 반드시 바뀌어야 한다고 생각해서 부담을 느낄 수 있다. 몸이 눈치채지 못하게 가랑비에 옷 젖듯이 살며시 바꿔나가길 바란다.

꼭 상을 받고 칭찬을 들어야만
무엇을 이룬 것은 아니야
그것은 적절하게 보상을 받은 것에 지나지 않아
우리가 했던 경험은
무엇과도 바꿀 수 없는 소중한 자산이야

한 번에 완벽하게 성공했던 경험은
나조차도 신기하고 기쁜 기억으로 남지만
실패하고 잃은 것도 많았던 경험은
절대 잊지 못할 교훈을 줘

교훈이 많을수록 지혜가 쌓이고 있다는 걸 느껴
돈으로는 절대 살 수 없는 지혜를

혼자 해내려고
아등바등한다

"특별한 사람이 돼서 특별한 일을 하는 게 꿈이었어요."
– 영화 〈월터의 상상은 현실이 된다(The Secret Life of Walter Mitty)〉, 2013

도움받지 않고 혼자 해내려고 떠안았다

하루는 주변에 집이 잘살거나 친구들이 많거나 공부를 잘하는 친구들을 보면서 내가 잘하는 건 무엇인지 갖고 있는 것은 무엇인지 궁금했다. 나는 집이 잘살지도 않고 공부를 잘하지도 않고 그렇다고 친구가 많은 것도 아니었다. 그런 날 보며 신에게 불공평하다고 원망하고 부모님을 원망했었다. 나만 빼고 다들 사는 데 어려움 없이 걱정 없이 지내는 것만 같았다. 아버지가 우리 3남매에게 종종 하신 말씀이 있었다. 아프리카에서 태어나서 학교에 가고 싶어도 하루 종일 일만 해야 하는 아이들도 있는데 의식주 걱정 없이 따뜻한 집에서 따뜻한 밥 먹고 사는 너희가 못 할 게 없다는 말씀이었다. 팔다리 멀쩡하게 태어났고 정신도 바르니 열심히만 하면 할 수 있다는 말씀도 잊지 않으셨다.

하지만 나는 그런 말씀을 듣고 힘이 솟거나 공부 욕구가 생기지는 않았다. 물론 틀린 말씀은 아니지만 나에게 와닿지는 않았다. 돈이 많거나 친구가 많거나 머리가 좋은 사람들은 큰 노력 없이 원하는 것을 쉽게 가지는 것 같은데 나는 왜 모든 것을 스스로 만들어가야 하는 것인가? 작은 능력이라도 하나 있었으면 하고 억울해했다. 부정적인 생각을 밥 먹듯이 하던 때라 세상에서 내가 제일 힘들었다. 지금에야 멀찍이 물러나서 보면 어리석은 생각이었다는 걸 알 수 있지만 그 순간에는 나만 보였다.

어머니에게 공부를 잘하고 싶은데 방법을 모르겠다고 솔직하게 말하지 못했다. 친구에게 친하게 지내고 싶다고 말하지 못했다. 입 밖으로 꺼내보지도 못하고 속으로 삼켜버린 말이 무수히 많았다. 그때 그 얘기를 했다면 어떻게 됐을까. 노력도 안 해보고 처음부터 완벽한 상태가 아님을 비판하기만 했다. 정말 어린 생각이었다. 세상의 모든 문제는 나의 능력치를 시험하려 하지 날 가만있게 놔두지 않는데 말이다.

회사에서 후임이 들어왔을 때 일을 가르쳐주고 업무를 하나둘씩 맡겼다. 아무 말 없이 조용히 일하다가 가는 듯하여 조용히 열심히 하는 친구구나 생각하고 있었다. 그런데 며칠 후 후임이 상담 요청을 해왔다. 배운 대로 하다가 모르는 것이 생겨서 본인이 나름대로 생각하여 처리했는데 문제가 생겼다는 것이다. 왜 진작 도움을 요청하지 않았냐고 묻자, 배운 지 며칠 되지 않았는데 바로 물어보면 일을 못한다고 생각할까 봐 겁이 났고 혼날 것 같았다고 했다. 도리어 나는 후임에게 이렇게 말해주었다.

"혼나지 않고 물어볼 수 있는 시기는 지금뿐이야. 처음에는 실수해도 돼. 당연하니까. 아무도 너를 탓하지 않을 거야. 오히려 잘하고 싶은 마음이 있는 친구라고 생각하겠지."

나는 후임이 안쓰러웠다. 예전의 나를 보는 것 같아서였다. 누구에게도 말을 꺼내지 못했을 시기에 누군가 나에게 먼저 저렇게 말해주었다면 지금쯤 다른 삶을 살고 있을 것 같다. 하지만 후임은 나와는 다르게 먼저 상담 요청을 했고, 그날 이후 모르는 것은 잘 물어보면서 실수 없이 일을 해나갔다. 용기 내어 먼저 도움을 요청할 수 있던 그 후임이 한편으로는 부러웠다. 나만 힘들다며 방구석에 틀어박혀 있다고 해서 아무도 나를 불쌍하게 생각해주지 않는다. 먼저 물어봐주지도 않는다. 내가 먼저 깨고 일어나야 한다. 그런다고 해서 달라지지 않는다. 부정적인 본인만 모르는 것이다.

때로는 기댈 수 있는 용기가 필요하다

강원도 원주에서 꿈을 갖고 서울에 올라온 지도 어느덧 7년이 지났다. 서울에 갓 올라왔을 당시 친구와 전 회사 사람들이 말했다. 타지에 가서 제일 서러운 순간이 아플 때라고. 처음엔 이해하지 못했다. 하지만 곧 그런 순간이 찾아왔다. 하루아침에 이사도 하고 직장도 바뀌어서 그런지 갑자기 바뀐 환경에 몸과 마음이 긴장했을 것이다. 며칠 후 몸살이 크게 나서 집에서 며칠 쉬게 되었다. 비록 친언니와 같이 살았지만 언니는 회사에 일찍 갔다가 늦게 들어오고, 원주에 있는 부모님께는 걱정하실까 봐 아무 말도 하지 못했다. 혼자 침대에 옆으로 누워 있는데 눈물이 툭 떨어졌다. 이유는 모르겠지만 왠지 서러워서 그랬던 것 같다. 아무에게도 말하지 못하고 혼자 삭힌다는 것이 얼마나 외로운지 그때 많이 느꼈다. 말하지 않아도 같이 아파해줄 사람이 없다는 것도 힘들었다. 하지만 말하지 않으니 아무도 모르는 게 당연했다.

언니가 서울 오자마자 아픈 내가 안쓰러웠는지 부모님께 아프다는 사실을 알렸다. 부모님은 며칠만이라도 본가에서 푹 쉬다 가라고 하셨다. 집에 도착하자마자 아버지, 어머니는 미리 끓여두신 미역국과 따뜻한 밥을 차려주셨고 나는 밥 한 공기를 뚝딱한 뒤 곤히 잠들었다. 신기하게도 집에서 이틀 정도 지내니 금방 회복되었다. 일단 익숙한 장소로 와서 안

정되고 부모님께 간호를 받으니 마음이 치료되었을 것이다.

식구들이 물었다. 왜 너는 항상 무슨 일이 있어도 말을 하지 않느냐고, 말을 하지 않으면 알 수가 없으니 답답하다고…. 나는 내가 하는 말로 인해 괜한 걱정을 끼치기 싫었을 뿐인데 부모님은 말이 없어 더욱 걱정되고 답답했다고 한다. 그때 알았다. 표현을 하든 안 하든 날 걱정할 사람은 항상 걱정하고 궁금해한다는 걸 말이다. 회사의 후임처럼 용기 내 힘들다고 얘기했어도 충분히 들어주셨을 분들이었다는 걸 뒤늦게 깨달았다.

여러분도 본인이 힘들다는 걸 내비친다고 해서 가까운 사람들이 싫어하거나 피할 것이라고 미리 짐작하지 않았으면 한다. 습관적으로 투정을 부린 사람이 아니라면 힘들다고 도움을 청할 때 기꺼이 다독여줄 사람들이 한두 명 정도는 있을 것이다. 나만 힘든 것이 아니라, 나도 힘든 것임을 알아야 한다. 때로는 혼자 이겨낼 수 있지만 위로를 받아야 할 때도 있다. 혼자 다 감내할 수 있다고 생각하지 말라. 우리는 충분히 약한 존재이기 때문에 서로 도와가며 살아갈 수밖에 없다.

힘든 것도 나의 머릿속에서 나온 것이며 즐겁거나 행복한 것도 모두 각자의 머릿속에서 나온 것이다. A라는 현상을 두고 누구는 힘들다고 하고 누구는 행복하다고 한다. 세상은 현상을 나타내는 것뿐인데 우리가 어떻

나의 자존감 연대기

게 생각하느냐에 따라 기쁜 일이 되기도 슬픈 일이 되기도 한다. 부정적인 성향의 사람은 뭐든지 부정적으로 받아들이고 긍정적인 성향의 사람은 매사 긍정적으로 받아들일 것이다. 전자는 나중에 본인을 돌아보며 안 좋은 일들만 일어났으니 억울하다고 생각하겠지만 사실은 마음먹기에 달렸다. 그래서 생각을 바꾸면 세상이 달라진다고 하는 것이다. 당장 좋게만 생각하는 것이 힘들 수 있다. 그럴 때는 '왜 나만 힘들지?'라고 생각하기보다는 '나도 힘들구나.'라고 생각하며 같이 힘들어하는 사람이 있다는 것으로 위로를 받길 바란다.

　나도 되는 게 없는 건 나뿐인 것 같았다. 친구들에게 문제가 생겼을 땐 부모님이 해결사처럼 처리해주실 것 같았다. 나처럼 앞뒤가 꽉 막히게 사고 자체부터 꼬인 사람은 없을 것 같았다. 내가 세상에서 가장 힘든 사람이었다. 하지만 자세히 들여다보면 각자의 사정이 다 있다. 웃고 있지만 힘들지 않아서 웃는 것도 아니고 바보라서 웃는 것도 아니다. 상황을 바꾸는 건 생각이고 행동이라는 것을 알고 있던 것이다. 나만 힘들다고 한탄하며 그 자리에 머물러 있으면 앞서가는 사람에 의해 잊힌다. 다시 툭툭 털고 일어나 묵묵히 갈 길을 가자. 그리고 해낸 뒤에 말해야 한다. 사실 힘들었다고. 그제야 우리의 목소리를 들어줄 것이다.

투정 부린다고 생각이 어리다고 할까 봐

내 이야기하는 걸 꺼려

지금 생각해보면 주변의 시선과 말들로부터

무조건 방어적이었지

그래놓고 나의 짐이 너무 버거울 땐

아무도 알아주지 않는다며 대상 없는 원망만 되풀이했어

나중에 남는 건 난 역시 안된다는 자책과 실망뿐이야

가끔 한 번쯤은 도움을 요청하고

도움을 고맙게 받아보는 건 어떨까?

도움을 준 사람은 뿌듯함을 느끼고

도움을 받은 나는 어떤 일이든 헤쳐나갈 수 있다는

행복함을 느끼게 될 거야

관계에서
늘 '을'이 된다

"자신을 죽이는 걸 알면서도 내버려두는, 그런 인생을 살고 싶지 않았어."
– 영화 〈리틀 포레스트: 여름과 가을(Little Forest: summer&autumn)〉, 2014

관계는 최선을 다한다고 오래가는 것이 아니었다

남자 보는 눈이 없던 것인지, 운이 나빴던 것인지 유독 만났던 사람들에게 상처를 많이 받아 새로운 시작이 두려웠다. 당분간 이성으로서 남자를 멀리하기로 했으나 수개월 동안의 구애로 마지못해 만나기로 했던 사람이 있었다. 전처럼 사람에게 상처만 받고 끝내기 싫었다. 그래서 이왕 시작한 만남, 실패하지 않기 위해 노력하기로 했다. 내가 노력하면 노력한 만큼 잘될 것 같아서 모든 걸 맞춰주었다. 만나는 날짜, 장소, 메뉴 등 상대방이 선택하게 하고 상대방이 하고 싶은 것을 했다. 내가 잘만 맞춰주면 문제없이 오래도록 행복할 줄 알았다. 그러나 예상대로 맞춰주는 것이 당연하게 되어 어느 순간 정신 차려보니 내가 입을 옷까지도 그 사람이 정하고 있었다.

　보통 지인의 연애를 옆에서 보면 서로 자기 얘기를 들어주지 않는다고 싸운다. 또는 자기가 원하는 틀에 상대방을 맞추려고 하다가 부딪히는 경우도 적지 않다. 대개 이런 식으로 자신이 무시당했다고 생각하면 다툰다. 나는 다투는 이유를 많이 들었고 보았기에 어느 한쪽이 맞춰주면 싸울 일이 없겠다고 생각한 것이다. 맞춰주는 쪽은 다툼을 원하지 않는 내가 해야 하는 것이었다. 그저 별일 없이 무사히 관계가 끊어지지 않고 지속되기를 바랄 뿐이었다.

　나는 자존감이 낮고 상대방에게 의지하는 성향이 강했기 때문에 모든 선택은 그 사람의 몫이었다. 나는 결정에 따르는 것에 안정감을 느꼈다. 나에게 선택권이 주어지면 매우 난처해하며 끝내 선택하지 못했다. 그것이 저녁 메뉴라도, '내가 선택한 것을 상대방이 싫어하는데 억지로 먹어주면 어떡하지?' 등의 걱정이 앞서 아예 선택을 포기하게 돼버렸다. 이렇게 의존적이고 선택도 못하는 사람과 만나면 얼마나 답답할지 지금은 알지만 몇 년 전까지만 해도 몰랐다. 직장인 오빠가 이제 막 걷기 시작한 여동생을 보는 느낌과 비슷할 것이다.

나의 자존감 연대기

그러던 어느 날 아는 동생이 내 남자친구가 수상하다고 했다. 아무래도 결혼을 한 것 같다고, 너무 의심스럽다며 떠보라고 했다. 갑자기 웬 결혼이냐고 함부로 사람 의심하지 말라고 했지만, 나도 석연찮은 부분이 꽤 있었기에 동생의 바람대로 물어보았다. 사실 남자친구라는 사람은 사업을 하고 있고 나와 나이 차이가 꽤 나는 사람이었는데 집에 들어가면 아버님이 전화하는 걸 안 좋아하신다고 메신저로만 대화했다. 카카오톡은 직원들과 일로만 대화하기 때문에 나와는 라인이라는 메신저를 이용했다. 데이트도 회사 끝나고 만나서 저녁 먹고 금방 헤어지는 것이 전부였다. 그래서 혹시 결혼했냐고 물었다. 몇 번 물어보지도 않았는데 꽤 순순히 시인하는 것이었다. 순간 슬프고 화나는 것을 떠나 너무 놀랐고 황당했다. 몇 시간 뒤 겨우 진정하고 궁금한 것들을 하나하나 물어보았다.

원래 결혼하기로 정해진 여자가 있었는데 나와 만나는 중간에 결혼을 했고, 집에서는 화장실에 갈 때마다 몰래 내게 연락을 했다는 것이었다. 말로는 그 여자는 어른들이 정해준 사람이라 마음이 안 생겨서 정말 사랑하게 된 나와 만났다고 하는데 그럼 결혼을 하지 말았어야 하는 것 아닌가 했다. 내가 화를 많이 내는 성격이 아니라서 별거 아니라고 생각했는지 자신을 좋은 사람으로 포장하려 하고 있었다. 나는 두 번 비참해졌다. 나에게 사죄하고 용서를 구하는 것보다 본인 이미지를 신경 쓰고 있는 게 너무나 자존심 상했다. 정말 사랑했다고 했지만 그동안 나에게 계속해서 거짓말로 둘러대면서 그걸 믿는 날 보며 얼마나 우스웠을지 상상하니 수치스러웠다.

내가 노력하면 다 괜찮을 줄 알았던 연애는 그렇게 어이없고 황당하게 산산조각 났다. 한 번 안 만난다고 했을 때 끝까지 고집부릴 걸 하고 후회가 되었다. 상대방이 나에게 구애를 하든, 뭘 하든 내 마음이 준비가 안 됐는데 받아준 것은 내가 나의 마음을 무시하고 한 결정이었다. '이렇게 노력하는데 만나고 나서도 같겠지.' 혹시나 하고 기대했던 마음은 여지없이 무너지기 일쑤였다. 나처럼 마음이 잘 흔들리고 의지하기 좋아하는 성격은 옆에서 조금만 챙겨주고 잘 대해주면 판단이 흐려진다. 그게 상대방에게도 보이는 듯하다.

그 사람을 보내고 진짜 나를 찾기로 했다

겉과 속이 다른 사람을 자주 만났지만 모든 사람이 그렇지 않을 것이라는 믿음을 가지고 있었다. 나를 알아봐주고 내 가치를 인정해주는 사람을 만나서 서로 존중하며 행복하게 지내는 모습을 가끔 상상했다. 의심 없이 남을 잘 믿고 잘 따르는, 어떻게 보면 순진한 여자를 모든 사람이 이용하고 싶어 하지는 않을 것이라 생각했다. 나 스스로 이렇게라도 생각하지 않으면 세상에서 날 위해주는 사람이 한 명도 없을 것만 같아서 더더욱 그렇게 생각하려고 애썼다.

동생과 나는 그 사람 욕을 실컷 했다. 한참을 욕한 뒤 당연히 헤어지고 잊어버려야겠다고 생각했다. 그러나 그날 밤 잠을 잘 수가 없었다. 몇 시간 전에는 놀란 것이 더욱 커서 몰랐는데, 농락당하고 이용당했다는 배신감이 스멀스멀 커지며 밤새 베개가 다 젖도록 울고 또 울었다. 더 슬픈 것은 아주 나쁜 놈, 쓰레기임에도 불구하고 한 번에 버릴 수 없다는 것이었다. 무 자르듯이 단칼에 베어버릴 자신이 없었다. 사람에게 의지를 많이 하고 매우 의존적인 성격 탓에 관계를 끊는 것을 잘하지 못한다. 나에게 1년 동안 매일 따뜻하게 말 걸어주고 걱정해주고 관심을 가져주던 사람이 하루아침에 없어진다는 것은 상상할 수도 없었다. 집에 있던 물건을 갑자기 모두 뺏기고 텅 빈 방에 나 혼자 덩그러니 있는 느낌이었다.

그래서 유예 기간을 달라고 했다. 아주 바보 같은 결정이었지만 그게 최선이었다. 그 사람 없이도 버틸 수 있을 것 같으면 헤어지기로 했다. 잊어버리려고 애써서 그런지 지금은 기억이 잘 안 나지만 두세 달 후에 정리한 것 같다. 그리고 다짐했다. 사람 쉽게 믿지 말고 너무 의지하지 않기로…. '사람 마음이 내 맘 같지 않다.'라는 말도 정말 뼈저리게 느꼈다. 그런 일이 있고 나서 모든 사람이 나를 이용하려는 것으로 보였다. 좋은 마음으로 다가왔다가도 내가 너무 철벽을 쳐서 돌아간 사람도 있고 호의를 저의로 받아들여 기분 나빠한 사람도 있었다. 그럴지라도 나는 의심 많은 성격으로 바뀐 내 모습이 뿌듯했다. 적어도 이제 사기는 안 당할 것 같았다. 세상에 쓸모없는 경험은 없다더니 두 번 다시 겪기 싫은 경험도 나를 다지는 계기가 되었다.

그때는 힘들어서 미처 생각하지 못했지만 여유가 생긴 지금, 관점을 바꾸어 생각해보았다. 그 사람뿐만이 아니라 나를 만난 거의 대부분의 사람들이 거짓말, 바람, 도박, 심지어는 데이트 폭력을 하기도 했다. 원래 이랬던 사람들이 작정하고 나에게 모인 걸까? 그럴 가능성도 있겠지만 나는 그렇게 생각하지 않는다. 바보같이 나는 무슨 말을 해도 다 믿고, '이래도 좋고 저래도 좋아'라는 마인드를 가지고 있었다. 관심이 집착인 줄 알고 연인 사이에도 방목 수준의 거리를 유지했다. 이런 것들이 합쳐져서, 원래는 괜찮았던 사람인데 어쩌면 나를 만나서 변했을 수도 있겠다 싶었다. 남자는 여자하기 나름, 여자는 남자하기 나름이라는 말도 있지 않은가. 나에게도 잘못이 있다고 생각한다. 일도 사랑도 열정적인 남자가 섹시하듯이 일과 사랑에서 모두 당당하고 멋진 여자가 되기 위해 오늘도 마음 스펙을 쌓는 중이다.

나의 자존감 연대기

주도권을 뺏겼을 때
관계에서 을이 됐다는 느낌을 받고는 해
다시는 누구에게도 휘둘리기 싫은데
어느새 주도권은 상대방에게 가 있지

말 한마디 행동 하나에
휘둘리지 않겠다는 생각을 하고
저 사람에게서 나를 똑 떼어놓아도
나에게 영향이 없을 정도로
독립적인 존재임을
지속적으로 세뇌시킬 필요가 있어

우리는 각자 독립적인 존재야.
다만 좋아하는 마음으로 배려할 뿐이란 걸 기억해

자존감이 낮다고 변화할 수 없는 건 아니
다 ㅣ 나는 열등감에 빠질 만큼 부족하지 않
다 ㅣ 일단 시작하면 두려움은 작아진다 ㅣ 나
는 스스로 나를 만들 수 있다 ㅣ 자존감은 성취
를 통해 만들어진다 ㅣ 내가 완벽하지 않은 것
은 당연하다 ㅣ 내가 만족시킬 수 있는 건 나뿐
이다 ㅣ 자존감은 행복할 수 있는 능력이다

2장

내가 겪은
자존감에 대한 모든 것

자존감이 낮다고
변화할 수 없는 건 아니다

"내가 널 용서하는 이유는 네가 완벽하지 않기 때문이야.
하지만 우린 친구는 선택할 수 있지. 넌 나의 최고의 친구고 유일한 친구야."
– 영화 〈메리와 맥스(Mary And Max)〉, 2009

자존감이 높은 것만이 좋은 것은 아니다

자존감이 낮은 사람은 본인의 자존감이 낮다는 걸 알고 있다. 반면에
자존감이 높은 사람은 그 사실을 잘 인지하지 못하는 경우가 종종 있다.
자존감 때문에 힘들었던 적이 거의 없기 때문에 자존감에 대해 깊이 생각
하지 않기 때문이다. 자존감이 낮은 것은 안 좋은 것이고 높아야만 좋은
것일까? 모든 것을 0과 1로 나눌 수 없듯이 이 물음의 답도 그렇다. 반드
시 높을수록 좋은 것은 아니다.

유튜브에서 강연을 가끔 보곤 한다. 얼마 전에 유튜브로 성공자의 강연

을 보게 되었다. 그 사람이 잘될 수 있었던 방법에 대해 얘기를 하는데 매우 확고했고 자기 확신이 높아 보였다. 영상을 보는 초반에는 거침없이 말하는 모습이 솔직해 보이고 좋았으나 시간이 지날수록 불쾌한 기분이 들었다. 본인의 생각과 깨달음 등을 청중에게 임팩트 있게 전달해주고 싶어서 내용을 강조하는 것은 이해한다. 하지만 "대학생 때 공부 얼마나 하셨어요? 몇 시간 하셨어요? 하긴 하셨어요? 책은 몇 권이나 읽어보셨어요?"라는 질문은 적절하지 않게 느껴졌다. 강연자는 자기가 노력형 인간이라고 하면서 노력을 굉장히 강조하였다. 그렇다고 노력을 상대적으로 적게 한다고 청중을 무시하는 듯한 말투나 가르치려는 말투를 쓴 것은 독설도 아니고 자기 자랑일 뿐이다.

강연자에 대해서 잘 몰랐지만 한 가지는 확실하게 알게 되었다. 바로, 너무나 높은 자존감으로 인해 자기중심적인 말과 행동을 하는 것이다. 이것은 자존감이 너무 높아졌을 때 나타나는 일종의 부작용이다. 누가 뭐래도 자신의 길을 가고 나는 괜찮은 사람이라고 생각하고 자신에 대한 믿음이 강한 것은 좋은 것이다. 하지만 자존감이 지나쳤을 때는 오만함과의 경계선을 넘지 않도록 조심해야 한다. 나는 그 강연자가 자존감과 오만함의 중간에 걸쳐 있는 모습을 보았다. 역시나 나만 불쾌하게 생각했던 것이 아니었다. 많은 사람들이 그의 지나친 말투와 모습에 화가 나거나 실망하는 반응을 보였다.

이 작은 사건으로 자존감이 높고 낮은 것이 무조건 중요한 것은 아님을 알게 되었다. 자존감이 높아서 자칫 자기중심적인 방향으로 가고 있는 사람은 타인이 불편해하지 않는 선으로 맞출 필요가 있다. 자존감이 낮은 사람은 자기의 역량 안에서 예상 외로 많은 것을 끌어낼 수 있다고 믿어야 한다. 이렇게 후처리까지 가능한 사람만이 자존감을 극복하고 자신을 조절할 수 있는 사람이다. 예전의 나는 사람들이 나를 동정해주고 실수해도 봐주고 안쓰럽게 생각해주길 바랐다. 무얼 하든지 실수할 것이라고 단정 지었기 때문이다. 부족하고 실수투성이인 나를 가엾게 봐주고 항상 좋게 생각해주길 바랐다.

자존감이 한참 바닥을 쳤을 때는, 말이 느리고 행동이 굼뜨고 결정을 못 하고 멍 때린다고 평가했다. 하지만 요즘 나는 조용하고 생각이 많고 결정을 천천히 하고 마음이 약하고 배려심이 깊다고 생각한다. 이런 말을 하기는 쑥스럽지만 주변에서 그런 말을 많이 했고 나도 그렇게 생각한다. 자존감이 높아져서 나를 높게 평가하는 것이 아니라, 객관적으로 자주 듣는 평가와 진짜 그렇게 생각되는 것을 인정한 것이다. 이젠 나를 깎아내리는 것이 겸손이 아니고 미덕이 아니다. 그렇다고 치켜세우는 것은 더욱 좋지 않다. 지금 이 자리의 나를 바로 쳐다보고 바로 인지하자.

남의 눈치를 보는 자신이 싫을 때가 있다. 이는 쉽게 고쳐지지 않는다.

남들은 내 눈치를 보지 않는데 나만 눈치 보고 남들 기분에 따라서 내 기분도 좌지우지되는 것을 고치고 싶었다. 하지만 쉽게 고칠 수 없는 것을 붙들고 또 스트레스를 받는 것보다 좋은 방법이 있다. 바로 바꿔 생각하는 것이다. 위에서 말했던 자존감이 낮을 때 나를 평가한 것을 바꿔서 생각하기로 했다. 그러면 나는 '타인에게 비추어질 나를 생각하며 끊임없이 생각하는, 실수가 적은 사람'이 된다. 왜곡된 것도 없고 과장된 것도 없다. 내 모습의 안 좋은 면보다 좋은 면을 조금 더 본 것뿐이다.

자존감은 마음먹기에 달려 있다

각자 자기의 인생 그래프를 그려보자. 유치원-초등학교-중학교-고등학교-대학생-직장인까지 심리 상태는 어떻게 변했는가? 중간에 오르락내리락하는 일이 상당히 많지만 유치원생과 성인일 때만 놓고 보면 결국 조금이라도 올라 있을 것이다. 나의 그래프는 지그재그를 그리면서 조금씩 위로 올라가는 모양이 아니라, 알파벳 U(유) 자 모양이다. 특히 초중고는 암흑기이다. 그래도 현재와 비교하면 확실히 올랐다. 물론 그 중간에 아무런 노력도 하지 않는다면 점점 내려가거나 일직선이었을 것이다.

내가 어린이집 선생님이었을 때 우리 반 아이의 어머님이 상담 요청을 하셨다. 아이를 어린이집에 데려다주고 잘 노는지 1~2분 정도 보다가 가셨는데 아이가 인형을 가지고 놀다가 친구가 달라고 하면 바로 주고 다른 것을 가지고 논다고 하셨다. 집에서는 자기 것에 대한 욕심이 있는데 어린이집에서는 욕심이 없어진다며 친구에게 괴롭힘을 당하는 것은 아닌지 걱정하는 눈치였다. 내가 봐도 그랬다. 보통은 가지고 놀던 것을 달라고 하면 안 된다고 말하거나 나에게 와서 이른다. 그런데 이 아이는 바로 주고 다른 곳으로 관심을 돌린다. 아이에게 물어보았다.

"○○아, 친구가 인형 달라고 했을 때 더 갖고 놀다가 줘도 돼. 왜 달라고 하는 걸 다 주는 거야?"

아이는 대답했다.

"선생님, 저는 친구들이랑 싸우기 싫어요. 인형은 이따가 가지고 놀아도 돼요. 괜찮아요."

그 말을 듣고 나는 아이가 친구들의 눈치를 보고 어쩔 수 없이 뺏기는 것이 아니라, 자기 나름의 판단을 하고 행동하는 것임을 알 수 있었다. 그리고 아이의 어머님께도 말씀드렸다. 아이의 친구 문제나 자존감 문제는 없는 것 같으며, 그렇게 해야 자기가 편하다고 생각하고 있으니 큰 걱정 마시라고 했다.

그 아이는 장난감보다 친구와의 관계가 더 우선이었던 것이다. 단면만 보고 어머님이 아이의 자존감에 대해 걱정했지만 걱정할 일은 없었다. 우리도 우리 마음속에 있는 아이가 움츠리고 있다고 걱정을 한다. 하지만 자세히 보면 움츠려서 땅 위의 꽃을 보고 웃고 있을 수도 있는 것이다. 그러므로 자존감이 낮은 것 같다고 괴로워할 필요가 없다.

우리는 자신의 성격과 생각을 얼마나 바꾸기 힘든지 알고 있다. 미치도록 바꾸고 싶은 성격도 자존감도 우리 뜻대로 되지 않는다는 것을 너무나 잘 안다. 하지만 더 나은 방향으로 가고 싶어 한다면 충분히 방법은 있고 좋아질 수 있다. 여러 가지 방법이 있지만 그 방법은 모두 한 가지를 향하고 있다. 바로 '마음먹는 것'이다. 내가 마음먹기에 달려 있다. 몇 십 년간의 나와 계속 싸우면서 마음을 먹어야 한다. 쉽지 않고 하루아침에 바뀌지 않으니 금방 포기하는 사람도 많다. 습관을 만들어가는 것처럼 자존감이 낮은 사람도 바꿔서 생각하려고 계속해서 마음먹어야 한다.

자존감이라는 말이 많이 쓰이지 않을 때는
자존감이 낮다는 생각도 잘 하지 않았어
그런데 요즘은 자신감이 없거나 자책을 하거나 우울할 때도
자존감이라는 이유를 붙이곤 해

내가 진정 그렇게 된 이유에 대해
깊이 알려고 하지 않은 채,
'난 원래 자존감이 낮으니까'라는 이유로
단정 짓고 합리화하는 건 아닌지 생각해봤어

무조건적인 자기 비하를 하기 전에
내가 느끼는 감정들이 어디서부터 온 건지
진지하게 찾아보는 건 어떨까?

나는 열등감에 빠질 만큼
부족하지 않다

"여기 머물면 여기가 현재가 돼요. 그럼 또 다른 시대를 동경하겠죠.
상상 속의 황금시대.
현재란 그런 거예요. 늘 불만족스럽죠. 삶이 원래 그러니까."
– 영화 〈미드나잇 인 파리(Midnight In Paris)〉, 2011

열등감 때문에 우물 안 개구리로 살았다

우리는 크든 작든 열등감을 느끼며 살고 있다. 우리 사회는 강자와 약자를 비교하고 가진 자와 못 가진 자를 끊임없이 비교한다. 그리고 같은 무리 안에서도 A와 B를 비교한다. 적당한 자극이 되는 정도라면 나의 발전을 위해서도 좋지만 열등감의 사전적 의미가 '자기를 남보다 못하거나 무가치한 인간으로 낮추어 평가하는 감정'이기 때문에 부정적인 감정인 것은 확실하다. 열등감은 내가 아닌 타인이 만든 기준에 우릴 줄 세워놓고 비교해서 생긴 것이다. 그런데 우리는 그것이 절대적인 기준이라 믿고 그 기준에 미치지 못하면 평균 미달이라는 스트레스를 받는다.

사람들은 누구나 원하고 바라는 이상향이 있다. 그 대상이 있을 수도 있고 없을 수도 있지만 보통은 특정 사람을 보고 '저렇게 되고 싶다.'라고 느끼는 경우가 많다. 내적인 것을 닮고 싶은 경우에는 그 사람의 행보를 따라 하거나 마인드를 이해하려고 하면 된다. 하지만 외적인 부분을 닮고 싶을 때는 문제가 있다. 나는 특히 외형적으로 콤플렉스가 많고 바라는 이상향 또한 높기 때문에 기준점이 굉장히 높았다. 바로 TV에 나오는 걸그룹이다. 연예인 중에 몸매 관리에 가장 혹사당하는 것이 걸그룹이라고 한다. 소속사에서 정해준 몸무게를 정해진 날짜 안에 빼야 무대에 설 수 있으니 죽기 살기로 빼고 성공할 수밖에 없는 것이다.

　친구와 옷 가게에 들어가서 예쁜 치마를 골라 입어봤는데 엉덩이에 걸려서 올라가질 않았다. 그 순간 내가 평균보다 몸이 뚱뚱하다고 생각하여 엄청 창피했다. 엉덩이, 허벅지가 엄청 펑퍼짐한 내가 걸어가는 모습을 보고 사람들이 뒤에서 얼마나 비웃었을까.

　나는 그날부터 가만히 있을 수가 없었다. 운동은 죽어도 하기 싫으니 굶어서 빼는 다이어트를 하기 시작했다. 키는 155cm로 작지만 최저 몸무게 43kg을 찍으니 자꾸 쓰러졌다. 한 달에 두세 번씩 병원 신세를 지고는 다시 먹기 시작하여 56kg까지 쪘다. 엄청난 요요가 찾아온 것이다. 그리고 지금은 정해진 시간에 정해진 식단을 지키면서 헬스장에서 PT를 받으며 건강하게 다이어트 중이다.

'저 연예인처럼 눈이 더 컸으면 좋겠어, 다리가 더 얇았으면 좋겠어' 등 TV 속 연예인과 나를 끊임없이 비교하면서 채찍질해왔다. 연예인은 그게 직업이고 일인데 자꾸 비교하며 나를 비하하기만 했다. 병원에 쉴 새 없이 오가며 링거를 자주 맞아 팔에 맞을 때가 더 이상 없을 때쯤 조금은 편하게 생각해도 될 것 같았다. TV 속 연예인과 비교하지 말고 예전의 나와 지금의 나를 비교하기로 했다. 부위별 치수를 재고 일주일마다 측정을 하니까 저절로 과거의 나와 지금의 나를 비교하게 되고 조금씩 좋아지는 모습에 뿌듯해졌다.

열등감을 가진 사람들의 특징 중의 하나는, 주위 사람들이 자기보다 뛰어나다고 생각하는 것이다. 왜냐하면 끝없는 자기혐오를 항상 하기 때문이다. '나보다는 뭐라도 잘하겠지, 뭘 해도 나보단 낫겠지' 하는 판단을 스스로 해버리고 규정짓는다. 자기에게 칭찬해줄 사람은 자신밖에 없다. 용기를 주고 다독여주기도 바쁜데 '난 못 할 거야, 해봤자 뭐 해. 어차피 실패할 거, 내가 그걸 성공할 리가 없어.'라는 말로 깎아내리고 있다. 그렇기 때문에 내가 자신에게 기대하는 것도 없게 된다. 본인이 스스로를 과소평가하는데 누가 가치 있게 생각할까? 가만히 있는데 내 능력이 좋아지거나 타인이 날 갑자기 칭찬할 리는 없다.

회사원들이 특히 많이 공감할 만한 이야기가 있다. 나는 내가 속한 사

84

무실 안에서 같은 사원 중에 일이 나에게 유독 많은 것 같다고 느꼈다. 남들보다 일찍 출근하고 늦게 퇴근하고 야근을 안 하면 일이 눈덩이처럼 쌓여갔다. 다른 사원들은 칼퇴도 하고 일도 별로 없는 것 같은데 나만 이렇게 고생하는 건지 내가 만만해서 일을 더 많이 시키는 것인지 별의별 생각을 다 했다. 하루는 사무실의 친한 언니, 동생 사원들과 모처럼 일찍 끝난 날 함께 저녁을 먹으며 각자의 일에 대해 얘기를 했다. 얘기를 들으며 내가 놀란 것은, 나만 일이 많은 것이 아니었던 것이다. 각자의 분야에서 모두 2~3인의 업무를 1명이 소화하고 있었다. 선배 언니는 나에게, 요령도 피워가며 일하라고 조언해주었다. 우리가 A부터 Z까지 모든 걸 다 할 수도 없고, 했다고 해도 100% 정답이 아닐 뿐더러 상사도 100%로 만족할 수 없다는 것이다.

나는 열등감에 빠질 만큼 비관적이지 않았다

그동안 나는 나에게 주문을 걸어왔던 것 같다. '나는 일이 남들보다 많아서 빨리 끝낼 수가 없어. 어차피 오래 걸릴 거 빨리해서 뭐 해.'라고 말이다. 하지만 선배 언니에게 조언을 들은 뒤로 생략할 수 있는 건 생략하면서 시간 안에 끝내려고 집중해서 빨리해보았다. 칼퇴는 못했지만 두세 시간 야근하던 것을 30분으로 단축할 수 있었다. 나도 하면 되는 사람이었구나! 해보지도 않고 한계를 정해버린 것이 억울했지만 한편으론 내가 부러워하던 다른 사원들처럼 칼퇴를 할 수 있을 거란 희망에 더 열심히 일을 하게 됐다.

난 항상 누군가를 부러워하기만 했다. 누가 날 부러워해주길 바란 적도 없고, 나에게 부러워할 만한 것이 있을까 의문도 들었다. SNS에 들어가 보면 저마다의 행복한 일상과 좋은 일들만 가득한 게시물뿐이다. 가족에게 사랑받고 남자친구에게 자주 선물을 받으며 어린 나이에 자기 사업에 성공해서 외제차도 있고 매달 해외에 놀러 갔다 오는 정말 흔치 않은 일상들이 SNS에는 넘쳐난다. SNS를 구경하며 부러워하고 한탄만 하다가는 정신병에 걸릴 것 같았다. 그래서 네이버 블로그에 나의 일상을 올리기 시작했다. 내가 먹는 평범한 다이어트 식단과 작은 시술들을 다녀온 후기 등을 올렸다. 네일아트, 샐러드 맛집, 새 운동화를 산 후기처럼 주변에서 친구들이나 내가 직접 겪었던 경험 위주의 이야기였다.

블로그에서 댓글로 사람들과 소통하고 있다. 몇 주 전의 일이다. 나의 어릴 적 얼굴에 대한 콤플렉스를 털어놓으며 내가 받은 수술과 시술들에 대해 적어놓은 글이 있었다. 그 글에 내가 부럽다는 댓글이 달렸다. 예뻐지려 노력하는 모습도 보기 좋고 너무 예뻐서 부럽다고 말이다. 물론 블로그에 올린 사진은 살이 지금보다 많이 빠졌을 때고 스마트폰 어플의 힘을 빌렸기에 지금 모습과는 아주 조금(?) 다를 수 있다. 하지만 그 댓글을 보는 순간 굉장히 많은 생각이 지나갔다. 누군가가 나를 부러워하다니 정말 놀라웠다. 내가 A이고, 주변에 B, C가 있다고 가정해보자. A는 C라는 사람을 굉장히 예쁘다고 생각하고 닮고 싶어 한다. 그런데 B는 A가 더 예쁘다고 하고 부럽다고 하는 상황이다. 상황을 이렇게 객관적으로 놓고 보니 당연한 것이다. 사람마다 보는 눈도 다르고 취향도 다르기 때문이다. 하지만 나는 여태까지 '모든 사람이 봐도 예쁜 사람'이 되길 바랐고, 그것이 불가능하다는 걸 인정하지 않았다. '나는 못생겼고 뚱뚱하다.'라는 프레임 안에 여태 나를 가두고 있었던 것이다. 그런 나를 누군가는 부러워하고 있다는 사실도 모른 채 말이다.

이처럼 열등감은 내가 나에게 만들어준 감옥이다. 보호 장치같이 생겼지만 그 안에 들어가게 되면 나의 역량이 쇠사슬에 묶여버린다. 큰 모험은 하지 말라고, 변화를 좋아하다가는 정착하지 못한다고 나에게 속삭인다. 모두 자신의 역량을 한정하지 않길 바란다. 자기의 능력은 자기도 알수 없다. 누구나 상황의 반복을 통해 어제보다 작년보다 1cm씩 커져 있기 때문이다. 너무 미미한 차이라서 느끼지 못할 뿐이다. 그것을 믿고 꾸준히 살아가면 언젠가 뒤돌아봤을 때 '나 꽤 괜찮게 지내고 있구나.' 하고 느낄 날이 올 것이다. 꼭 어떤 성공을 하지 않더라도 최근 몇 년간 후회할 일이 줄었거나 개인적인 삶의 만족도가 커져도 알 수 있다.

열등감이 생겼다고 해서
무조건 좌절할 필요는 없어

내가 공부를 열심히 했는데
점수가 낮으면 속상하지만
공부를 안 했다면
점수가 낮아도 별로 안 속상한 것처럼,
내가 뭔가를 향해 열심히 달려왔기 때문에
기대감도 생겼던 거야
그만큼 실망도 한 거고

그러니 열등감이 생길 때는
잠시 쉬어갈 때라고 생각하고
크게 심호흡을 해 봐
내가 갈 길을 보고, 방향만 잡자
속도는 잠시 놔도 돼

일단 시작하면
두려움은 작아진다

"그 누구도 아닌 자기 걸음을 걸어라.
나는 독특하다는 것을 믿어라. 누구나 몰려가는 줄에 설 필요는 없다.
자신만의 걸음으로 자기 길을 가거라. 바보 같은 사람들이 무어라 비웃든 간에."
— 영화 〈죽은 시인의 사회(Dead Poets Society)〉, 1989

막연히 실수를 두려워했다

실수하는 걸 즐기는 사람이 있을까? 물론 있기야 하겠지만 극히 드물 것이다. 보통은 실수하는 것을 굉장히 두려워하고 실수를 하면 엄청난 인생의 오점이 생긴 것처럼 생각하는 사람도 많다. 심지어는 일어나지도 않았는데 실수하는 것이 상상되어 정작 해야 할 것을 제대로 하지 못하는 경우도 있다. 실수를 두려워하는 것은 과거에 실수로 인해 큰 창피를 당했거나 손해를 본 기억이 있기 때문이다. 나는 위에 언급한 모든 것에 해당한다. 그래서 무얼 하기에 앞서 실수할까 봐 더 긴장한다.

학생 때 망신당한 경험이 떠오른다. 내가 중학생 때의 일이다. 수업이 끝나고 쉬는 시간에 친구와 대화를 하고 있었다. 각자 좋아하는 가수 얘기를 하다가 친구가 콘서트에 다녀온 이야기를 했는데 콘서트장에 디카를 가져갔다는 말을 했다. 나는 그때 '디카'라는 말을 처음 들어서 그게 뭐냐고 물었다. 친구는 눈을 크게 뜨며 "너 디카 몰라? 디지털카메라잖아." 라고 대답했다. 나는 순간 디카를 모른 것이 엄청나게 창피했다. 지금이라면 뭐라고 한마디라도 대꾸를 했을 텐데 그 당시에는 너무나 창피하고 세상에 나만 모르는 줄 알았다. 그때 막 디카가 유행하기 시작해서 관심이 없으면 모를 수도 있는 것인데 엄청난 죄를 저지른 것 같고 굉장한 실수를 한 기분이었다. 실수 아닌 실수로 그렇게 친구들 앞에서 망신을 당한 뒤로 내가 실수를 하면 사람들이 나를 무시하고 업신여길까 봐 걱정을 했다.

그 뒤로는 해보기도 전에 실수할까 봐 미리 겁부터 먹는 습관이 생겨버렸다. 발표하다가 발음이 꼬일까 봐 불안하고, 노래하다가 음이탈할까 봐 불안하고, 많이 먹으면 살찔까 봐 불안하고, 커피를 마시면 손이 떨리는 걸 보고 또 불안해졌다. 결국은 매사 잘하려고 할 생각은 해보지도 못한 채 실수할까 봐 걱정만 하다가 끝나버린 일이 점점 많아졌다. 발표를 잘하면 만족하는 게 아니라 실수를 하지 않으면 만족했다. 실수만 안 하면 된다는 생각이 나의 성장을 가리고 있었던 것 같다.

자존감이 낮다고 생각하고, 열등감에 사로잡혀서 괴로워하고, 늘 실수할까 봐 불안해하는 이 모든 것을 타고 깊이 내려가보면 '현실 부정'이라는 마음을 만나게 된다. 현실 부정에서 현실 인정으로 가는 것은 비록 방법은 간단할지라도 쉽게 바뀌기는 어렵다.

'내가 부정하는 과거, 현재, 미래는 어떤 것인가?'
'그것들을 왜 계속 부정하는가?'

　이렇게 자신에게 물어봤을 때 답변이 이치에 맞다면 불안할 이유가 없다. 하지만 대부분은 '그냥 불안하다, 모르겠다.' 등의 대답을 할 것이다. 바로 이유 없이 '그냥' 불안한 것이다. 이런 불확실한 대답을 한 것은 현실을 부정하는 그 자체가 비현실적이기에 대답도 그렇게 나오는 것이다. 이때 '나의 생각이 비현실적이었던 거구나.' 하고 인지해야 한다. 하지만 그렇게 되는 것은 쉽지 않다. 알면서도 습관처럼 불안해하고 불안이 새로운 불안을 낳는다. 이럴 때는 '내가 비현실적인 생각을 한다는 걸 알면서 또 불안해하네, 아직 여유가 부족하구나.'라고 되짚어줘야 한다. 지금까지 살면서 십수 년, 수십 년 굳어진 생각 습관을 며칠 만에 고칠 수는 없다.

　반대로 생각해보자. 실수하는 것을 두려워하는 것은 타인 앞에서 망신당하기 싫고 손해를 보기 싫어서이다. 그렇다면 나는 타인이 실수했을 때 어떤 생각을 했는가? 엄청 비웃거나 놀리거나 무시했는가? 아니다. 오히려 걱정해주고 그럴 수도 있다고 생각한다. 아니면 아예 신경을 쓰지 않는다. 실수라는 것을 그 사람도 알고 나도 알고, 누구나 실수를 할 수 있다고 생각하기 때문이다. 이렇게 타인의 실수에는 관대한데, 왜 나의 실수에만 이렇게 예민할까? 내가 실수하면 다른 사람들도 나처럼 생각해줄 것이다.

반대로 생각하고 행동하면 용기가 나기 시작한다. '어차피 저 사람들 내가 이러나저러나 별 관심 없어, 보더라도 오늘 자고 나면 잊어버릴 거야.' 하고 대수롭지 않게 넘기는 척 내 마음을 속인다. 처음에는 내 마음을 속였지만 이제는 정말 그렇게 생각한다. 아니 확신한다. 지금까지 별 탈 없이 잘 살고 있기 때문이다. 그리고 이제는 막을 수 없는 실수를 걱정하지 않고, 실수를 어떻게 대처해야 할지에 초점을 두고 있다.

실수할까 봐 걱정하는 시간이 아까워졌다

한때 사람들이 쳐다보는 것 자체가 싫고 지나가는 사람이 아무 생각 없이 날 보고 지나치는 것에도 화가 난 적도 많았다. 그만큼 타인의 시선을 많이 신경 쓰고 자기 비하가 극에 달했던 때가 있었다. 사람과 마주하는 것, 대화하는 것, 같은 장소에 있는 것 자체만으로도 스트레스를 받았다.

92   나의 자존감 연대기

혼자 있을 때를 제외하고는 항상 신경이 곤두서 있었다. 사람과 엮이는 것 자체를 두려워하다 보니 핸드폰에 전화벨이 울려도 받지 않았다. 나에게 왜 전화를 했는지, 전화로 무슨 말을 하려고 하는지 몰랐지만 나에게 안 좋은 말을 할 것만 같아서 받기가 두려웠다. 급기야는 가족이나 친구들의 전화도 받지 않고 거의 출퇴근하며 일만 하는 생활을 몇 달 했다.

굶어서 빼는 다이어트를 하던 때인데 너무 굶어서 결국 쓰러졌고 강남 세브란스 응급실에 실려 갔었다. 포도당, 영양제, 위장약 등을 링거로 맞고 겨우 정신이 들어서 의사 선생님과 상담을 했다. 선생님이 아픈 곳은 없는지 물어보신 뒤 하신 질문은 최근 스트레스받을 일이 많았냐는 거였다. 걱정될 정도로 안색이 매우 안 좋고 많이 불안해 보인다고 했다. 나는 의사 선생님께 나도 모르게 힘든 점을 얘기했다. 갑자기 많이 불안하고 심장이 심하게 뛰며 식은땀이 나고 어지럽고, 사람들과 섞이는 것이 힘들고 최근에는 전화도 피한다고 솔직히 말씀드렸다. 차분히 들으신 선생님께서는 공황장애나 대인기피증 초기 증상 같다며 정신과에서 가볍게 상담 한번 받아보라고 권유하셨다.

요즘은 정신과 상담을 받는 것이 흉도 아니며 잘못된 생각을 바로잡기 위해 많이 이용하는 곳이기도 하다. 하지만 병원에서 의사 선생님께 정신의학과 상담을 한번 받아보라는 말을 막상 들으니 나에게 문제가 생겼구나 하고 큰 충격을 받았다. 그리고 나서 정신의학과 상담을 받으러 가지는 않았지만 사람들이 많이 있는 곳을 굳이 피하려고 하지 않았다. 사람들과 섞여야 하면 섞이고 전화도 눈 질끈 감고 이왕이면 받으려 했다. 처음 며칠이 힘들지 이젠 많이 적응됐다. 사람들과 어울려보니 실수하는 내 모습을 더 인간적으로 봐주고 그런 모습에 벽이 더 허물어지는 듯했다.

실수할까 봐 불안해하는 것은 예전이나 지금이나 똑같다. 하지만 달라진 것이 있다면 예전에는 실수할까 봐 시작도 하지 않던 것들을, 이제는 '일단 해보고 나중에 생각하자.' 하는 식으로 바뀌고 있다. 만약에 실수를 했다면 어떻게 해결을 하는 게 좋은지를 판단하는 것이 더 현실적이고 합리적이다. 많은 인생 선배들이 말해주고 있다. 안 해보고 후회하는 것보다 해보고 후회하는 게 낫다고 말이다. 실수할까 봐 불안하다면 아래의 3가지 조언에 답해보자.

1. 꼭 해야 할 일이라면 걱정해봤자 소용없다.
2. 걱정할 시간에 해보고 판단하자.
3. 그 정도로 중요한 일이 아니라면 아예 포기하라.

두려움을 없애는 약이 있다면
집에 몇 박스 사놓고 싶을 정도로
불안, 떨림이 심했는데
그때마다 나에게 혼자 했던 말이 있어

불안함을 안고 일을 추진했는데 결과가 좋았을 때,
"그래도 곧잘 했네, 다음부터는 덜 불안해도 되겠는데?"

그 불안함 때문에 일이 안 풀렸을 때,
"불안하긴 하지만 오히려 결과가 더 안 좋았으니
이제는 떨지 말고 해야겠다."

이렇게 두려움이라는 것을
막연하게 생각하지 않고 제대로 들여다보면
의외로 간단하게 넘길 수 있으니
감정을 잘 다루길 바랄게

나는 스스로
나를 만들 수 있다

"네게 가르칠 게 딱 하나 있다면, 네 최고의 모습을 찾으라는 거야.
그 모습을 찾으면 어떻게든 지켜내고."
– 영화 〈와일드(Wild)〉, 2014

더 이상 현재에 머물러 있지 않겠다고 다짐했다

"지금의 당신을 만든 건 신이 아니에요. 바로 당신 자신이죠."

디즈니 영화사의 영화 〈모아나〉에 나오는 대사 중에 한 구절이다. 나는 디즈니 영화를 좋아한다. 디즈니의 공주들은 자존감이 높아서 고난과 역경을 이겨내고 자신의 행복을 찾아간다.

처음부터 그러진 않았지만 요즘 들어 점점 자존감이 높은 공주가 많이 등장하고 있다. 아무리 공주라도 자신의 행복을 위해 노력할 수 있는 건

96

자신밖에 없다는 뜻 아닐까. 모아나의 대사도 그런 의미이다. 지금 나의 모습은 그 누구도 아닌 내가 만든 것이다. 내가 한계를 준 만큼 갇혀 살 수도, 자유를 준 만큼 날아다닐 수도 있다.

나는 자존감을 만드는 것을 다이어트하는 것과 동일시한다. 자존감도 다이어트를 하듯이 나와의 약속을 하고 하나하나 실천하는 것이라 생각한다. 언제 밥을 먹고 언제 운동을 하고 언제 잠을 자는지 정해놓고 하는 것처럼, 언제 인정하고 공감하고 용서하고 보상해야 하는지 스스로가 잘 알고 있어야 한다. 잘 모른다면 기준을 정해놓으면 된다. 예를 들어 상대와 대화를 하다가 상대방이 자기주장을 심하게 하는 순간이 오면 날 무시한다고 생각하지 말고 '너는 그렇게 생각하니, 난 아니지만 잘 들어줄게.'라고 속으로 인정하고 지나가는 것이다. 너무 상황마다 심각해지지 말고 한 발짝 물러나 제3자 입장에서 생각하고 표현하는 습관을 만들어가야 한다. 이렇게 사건 사건, 하루 이틀, 한 달 두 달이 쌓여 언젠가 '그런 나'의 모습이 만들어지는 것이다.

다이어트를 포기하면 요요가 오는 것처럼 자존감을 만들다가도 힘에 부쳐서 포기한다면 감당할 수 없는 더 큰 상처로 돌아올 것이다. 결국 해내지 못하고 중간에 포기했으니 역시 난 안된다고 자책하고 자학하지 않았으면 한다. 한 번에 성공하는 것은 불가능하다는 걸 누구보다 잘 알고 있지 않은가. 좋아지는 것이 보이지 않더라도 그냥 믿고 하루하루 살아가야 한다. 안개가 가득한 날 등산을 하는데 가도 가도 끝이 안 보여 중간에 내려갔을 때, 10분만 더 가면 바로 정상인데 보이지 않으니 터덜터덜 왔던 길을 다시 내려온다면 얼마나 억울하고 지치겠는가.

고등학교 졸업하고 성인이 된 뒤에는 머리를 짧게 자른 적이 없다. 항상 허리까지 오는 치렁치렁한 긴 머리를 고수했다. 머리를 길렀으면 꾸미고 다니기도 해야 하지만 나는 얼굴 가리개용으로 이용했다. 흔히 커튼 친다고 하듯이 긴 머리로 얼굴에 커튼을 쳐서 가리고 다녔다. 민낯으로는 외출도 하지 못해서 마스크를 끼고 나가기도 했다. 한여름에 목덜미에 땀이 흐를지언정 머리를 풀어헤치고 마스크를 끼고 외출을 했다. 어느 날 지나가다가 한 상가의 통유리에 비친 내 모습을 보았다. 아주 답답하기 짝이 없었다. 누가 보면 연예인 병 걸린 사람으로 보일 정도였다. 내가 내 모습을 보는 것이 너무 답답해서 그 자리에서 마스크를 벗어버렸다. 여름이었지만 바람이 어느 때보다 시원하게 느껴졌다.

그렇게 충동적으로 마스크를 벗어던지니 한결 마음이 가벼워졌다. 그리고 아무도 나를 신경 쓰지 않는데 내가 너무 과민반응한 것 같아서 민망했다. 그때부터 살짝 뻔뻔하게 생각하는 버릇을 들인 것 같다. '내가 못생겼으면 어때서. 어차피 대놓고 욕할 사람은 없으니까 괜찮아.'라며 세

나의 자존감 연대기

뇌시켰다. 자존감이 높아지고 싶다고 해서 나를 무조건 좋게 바라보라는 것은 잘못된 방식이다. 지금의 내가 잘났든 못났든 지금 상태 자체를 인정하고 존중해주면 된다. 답답하게 머리를 폭 숙이고 머리카락으로 커텐을 치며 다니다가, 머리도 묶어보고 밝은 색의 옷도 입어보고 하니 친구들의 반응부터 달라졌다. 머리 묶으니까 얼굴이 훨씬 작아 보이며 밝은 옷을 입으니 사람이 환해 보인다고 했다. 그 전엔 골목으로 숨어다니는 어둠의 자식인 줄 알았는데 지금의 모습은 너무나 보기 좋고 긍정적으로 보인다고 하는 걸 보니 많이 어둡긴 했나 보다. 어두운 나에서 밝은 나로 스스로 만들어갔다. 결과는 대성공이다. 나에 대해서 잘 인지했기 때문에 무얼 하든 그전보다는 무조건 좋게 바뀔 것이다.

타인에 의해 좌지우지되지 않아야 한다

주변의 응원을 받으며 하나하나 바꿔가다가 갑자기 부정적인 말이 훅 들어오는 경우가 있다. 그때 상대방이 습관적으로 하는 부정적인 말버릇 때문에 내가 움츠러들지 않아야 한다. 하지만 가까운 지인이 그런 말을 하면 대수롭지 않게 넘기기가 힘든 건 사실이다. 나는 이런 사람들을 '자존감 도둑'이라고 부른다. 말 그대로 내 자존감을 훔쳐가는 것 말고는 도움이 되지 않는 사람이다. 친한 사람이라고 받아주어서는 안 된다. 그들은 친한 사람이 아닌 것이다.

나는 급찐급빠(급하게 찌고 급하게 빠지는) 스타일이기 때문에 다이어트를 자주 한다. 다이어트도 자주 해서 원리는 잘 알고 있기에 빼려고 마음먹으면 곧잘 뺀다. 여느 때와 같이 친구들에게 다이어트를 한다고 공표했다. 이제 당분간은 만나면 샐러드를 먹거나 카페 위주로 가야 할 것 같다고 하자, 그중 한 친구가 고개를 갸우뚱하며 말했다.

"살을 뺀다고? 뭐 하러 빼. 어차피 다시 찔 거. 그리고 이제 잘 안 빠질 텐데."

나는 이 말을 듣고 자존심이 상했다. 친한 친구가 나에게 이렇게 말했다는 것도 속상했고 나를 무시하는 것 같아서 서운하기도 했다. 하지만 그 친구가 나를 싫어해서 그런 것이 아니라는 것은 너무도 잘 알고 있다. 평소에도 자기 한탄을 일삼고 부정적인 말을 입에 달고 살기 때문이다. 하지만 친하다는 이유로 내 자존감에 상처를 입히는 말을 들어주기는 어려웠다. 미안하지만 그 친구와의 약속을 최대한 적게 잡으려고 노력했다. 그 친구가 싫어서가 아니라 날 위해서.

잘 돌아보면 주변에 자존감 도둑이 의외로 많이 상주하고 있다. 나도 모르게 내 자존감을 야금야금 훔쳐먹고 있을 것이다. 그런 사람들을 붙잡아두고 긍정적인 말을 하라며 설득하지 말자. 본인이 바뀌고자 하지 않으면 바뀌는 것은 없기 때문이다. 그 친구가 나에게 불평불만하며 살라고 한다면 그렇게 살 것인가? 절대 아니기 때문이다. 도움이 되지 않는 말들은 무시하고 내가 받아들여도 되는 것만 기억하자. 절대 타인에 의해 내가 좌지우지되지 않고 나 스스로 나를 만들어갈 수 있도록 내게 힘을 줘야 한다.

나는 타고나기를 여러 가지 많이 부족한 상태였다. 전에는 이미 다 가져서 노력하지 않아도 되는 삶을 부러워했다. 하지만 지금은 하나하나 채우고 바꿔가는 재미에 중독되어서 인생이 바쁘고 즐겁다. 아무것도 안 하고 모든 걸 바랐던 지난날들이 후회되기도 하지만 지금이라도 세상을 살아가는 즐거움을 느낄 수 있어서 좋다. 과거의 나는 삶의 의미가 없었기에 내일이 오지 않기를 바랐다. 현재는 내일 내가 할 일들에 대한 설렘을 안고 잠들 수 있다. 자신을 끝까지 포기하지 말고 놓지 않고 예쁘게 만들어가길 바란다.

나도 누군가에게 아무 생각 없이

지적을 한 적이 있는데

그 사람은 전혀 신경 쓰지 않고

여전히 하고 싶은 대로 하며 살아

그 사람이 내 말을 신경 쓰지 않아도

난 아무렇지도 않고 말이야

그런데 이와 똑같은 상황이 반대로 일어나면

왜 나는 남의 가벼운 지적에

몇 날 며칠을 송두리째 흔들리는 걸까?

그 사람은 날 지적했다는 사실조차 잊어버렸어

그러니 더 이상 가벼운 말에

내 소중한 시간을 허비하지 않았으면 해

자존감은 성취를 통해
만들어진다

"하지만 한 번의 도전이 끝났다고 해서 우리의 삶이 멈추는 건 아닐 것이다.
우리를 망설이게 했던 건 사소한 것에 불과했고
무모하고 위태로운 선택들이 오히려 우리를 용기 낼 수 있게 했다.
이제 우리는 길을 헤매거나 멈출 수밖에 없는 날이 오더라도
다시 한 걸음 나아가는 걸 결코 망설이지 않을 것이다."
— 영화 〈잉여들의 히치하이킹〉, 2013

성공 습관을 만들자

자존감 회복을 위해서는 얼마 동안 반복된 성취를 느껴야 하는 것일까? 물론 개개인마다 차이가 있다. 즉각적인 감정과는 다르게 자존감은 반복과 연습으로 천천히 바꾸는 게 가능하다. 여기서 반복과 연습이라는 것은 습관을 들이라는 뜻인데, 그만큼 습관을 생성하기 위해서는 꾸준한 노력이 필요하다는 것도 알아야 한다. 나는 저녁마다 다음 날 할 일들을 '오늘의 할 일'이라는 목록으로 서너 가지 적어두고 잔다. 거창한 것이 아니어도 좋다. 아니, 거창한 것이 아닐수록 좋다. 오늘도 적어두었는데 각각 원고 쓰기, 사이클 45분 하기, 복부 운동과 스쿼트하기이다.

어제는 냉장고 정리하기, 약국에서 두통약과 소화제 사 오기 등을 적었다. 그리고 완수할 때마다 체크 표시를 해나간다. 내용은 정말 사소하고 별거 아니지만 적어놓고 성취한 후에 체크 표시를 할 때 뭔가 해낸 것 같아서 뿌듯하다.

그리고 가짓수가 3~4개로 그리 많지도 않기 때문에 체크를 다 하고 싶은 마음이 든다. 어제는 솔직히 너무 귀찮아서 냉장고 정리를 하기 싫었다. 하지만 그 한 가지만 체크가 되지 않는 것이 너무 찜찜해서 결국 다하고 흐뭇하게 체크를 할 수 있었다. 해보고 나서 느낀 것은, 막상 해보니 생각보다 할 만하고 매일매일 무언가를 성공해내는 기쁨을 느끼니까 잘하고 있다는 느낌을 받는다는 것이다. 만약 적지 않고 머릿속에 생각만 하고 있었다면 무한대로 미룰 수 있기 때문에 냉장고 정리는 지금까지도 하지 않고 있을 가능성이 크다.

오늘의 할 일을 통해 포기 습관이 아닌 성공 습관을 들이는 것이 매우 중요하다. 이런 습관이 더 이상 노력하지 않아도 일상처럼 반사적으로 된다면 그때는 이미 체득하여 내 것으로 만들어진 것이다. 나는 한 달 동안 하루도 거르지 않고 오늘의 할 일을 적었다. 적을 것이 정말 없는 날에는 화장대 먼지 닦기라도 적었다. 이제는 저녁에 누워서 오늘의 할 일을 적는 것이 잠들기 전의 루틴이 되었다. 내일도 계획한 것을 해내며 성공의

나의 자존감 연대기

기쁨을 누리고 싶은 중독에 빠졌기 때문이다. 이 정도까지 왔다면 포기하거나 자기 비하하지 않는 상태가 되었다고 봐도 된다. 자존감이 또 10cm 자랄 것을 미리 축복한다.

반복과 연습으로 좋은 습관만 만들 수 있는 것은 아니다. 부정적인 성격도 반복되는 부정으로 만들어진다. 평소 욕을 하진 않지만 '짜증 나.'라는 말을 입에 달고 살았다. 딴에는 욕처럼 거친 말을 내 입으로 직접 하기는 싫어서 안 좋은 상황이 닥쳤을 때 한숨을 쉬거나 '짜증 나.'를 반복해왔다. 하지만 욕을 하지 않는다고 좋은 것만은 아니었다. 조금만 짜증 날 수도 있는 일을 말로 직접 하게 되니까 각인이 되어서 더 많이 짜증 나는 것처럼 느껴졌다. 습관적인 부정어가 내게는 '짜증 나.'였던 것이다. 그리고 한숨을 쉬는 것은 나뿐만이 아니라 주변에 있는 사람들의 기분까지도 영향을 줄 수 있기 때문에 가급적 안 하는 것이 좋다. 한숨이 나오려고 하면 숨을 들이마셨다. 그리고 소리 나지 않을 정도로 천천히 길게 내쉬었다. 아니면 한숨이 나오려고 할 때마다 '음~.'이라고 작게 소리 내는 걸로 대신했다.

아주 작은 반복의 힘을 믿는다. 지금은 습관적 한숨 쉬기와 습관적 부정어를 85% 정도 고쳤다. 나머지 15%는 혼자 있을 때 의식적으로 알면서도 하는 정도이다. 나를 자극하거나 다그치고 싶을 때는 좋은 말로 했을 때 한계가 있기 때문에 부정어를 가끔 써도 괜찮다고 본다. 단, 스스로 조절 가능할 때 쓰는 것이 좋다.

급하지 않게, 세분화하고 반복하라

같은 것을 꾸준히 반복하기만 하면 되는데 사람들은 왜 성취 습관 만들기에 실패할까? 이유는 빠른 결과를 원하기 때문이다. 과정도 빨리, 결과도 빨리 내야 하는 한국인 특성상 마음이 조급하다. 내가 급하지 않다면 주변에서 나를 답답하게 생각하기도 한다. '그렇게 해서 어느 세월에 다 할래?'라고 시간을 압박하는 사람들은 쉬우면서 빠르게 결과를 낼 수 있는 일만 한다. 어렵고 복잡한 일을 하면 시간이 오래 걸리기 때문에 시작할 생각조차 안 하는 것이다. 그렇기 때문에 실제로 목표 달성을 위해 반복을 하는 사람들 중에 결국은 8%만 성공한다고 한다.

나는 반복된 성취감을 느끼기 위해서 계획을 세울 때 반드시 세분화를 한다. 세분화의 장점은 두려움을 줄여주고 목적이 확고해지고 반복이 가능한 것이다. 예를 들어 인스타그램에 한 달 동안 많은 양의 게시물을 올려서 내 SNS가 볼 게 많고 얻어 갈 게 많은 곳이라는 것을 나타내려고 한다고 가정해보자. 세분화하지 않은 경우에는 최대한 올릴 수 있을 만큼 게시글을 올리다가 금방 콘텐츠도 바닥나고 지쳐서 중도 포기할 것이다.

그러나 나라면 무리하지 않는 선에서 하루에 6개의 게시물을 올리겠다고 정하고, 3개는 일상 사진, 3개는 명언이나 책 속의 한 줄 등으로 채우겠다고 대략적으로 정한다. 그렇게 정하고 나면 내가 매일 어떤 콘텐츠에 집중할 것인지 정해져 있기에 스트레스받지 않고 매일매일 반복해서 할 수 있으며 한 달 뒤에 180개의 게시물이 쌓여 있는 것을 보면서 큰 만족을 보상으로 느낄 것이다. 물론 내가 포기하지 않고 해냈다는 귀한 감정은 덤으로 느낄 수 있다.

또한 반복할수록 실전 경험이 쌓인다. 실전 경험이 쌓이면 실행력이 생기는데 나는 이 점을 가장 높이 평가한다. 해보기도 전에 포기하던 나에게는 일단 시작할 수 있는 실행력이 필요하기 때문이다. 반복을 자주 하면 두려움에 무뎌지기도 하고 경험이 있다는 것 자체가 큰 힘이 되기도 한다. 한 발짝 한 발짝 내딛는 반복 실행을 한 사람만이 산 정상을 등반할 수 있듯이, 잘할 것이라고 마음만 먹은 사람은 산 정상을 쳐다보고만 있을 뿐이다.

어린이집 선생님으로 있었을 때 유독 아침 등원 길에 어머님께 자주 혼나는 아이가 있었다. 아이의 어머님께 여쭤보니 아이가 숙제나 공부를 안하려고 하고 도망 다닌다는 것이다. 그 아이는 남자아이였는데 우리 반에서도 가장 활발하고 밝고, 장난꾸러기였다. 다 같이 색칠공부를 하거나 수업을 들을 때 한자리에 앉아서 3분 이상 버티는 것을 본 적이 없을 정도이다. 아이에게 공부는 지루한 것, 엄마에게 혼나는 것이라는 인상이 박혀 있었다. 일단은 아이에게 공부도 재미있다는 인상을 심어주고 싶었다. 나는 과일로 숫자놀이를 하면서 정답을 색칠할 때마다 반대쪽에 있는 책상에서 색연필을 가져와 색칠할 수 있도록 규칙을 정했다.

3일은 책상과 책상 사이를 왔다 갔다 하는 것이 재밌어서 신나게 색칠 공부를 마쳤다. 그다음에는 숫자 색칠공부 자체에 흥미를 느꼈는지 한 번에 두 가지 색 색연필을 가져와서 교재 앞에 앉아 있는 시간을 자발적으로 조금씩 늘려갔다. 1주일 뒤, 아이에게 색연필을 들고 건너편 의자에 앉아 있게 하고 나는 멀리서 교재를 보여주고 설명만 하였다. 아이는 색칠할 수 있다며 내가 있는 쪽으로 오고 싶다고 했고 허락하자 5분 정도를 앉아서 열심히 색칠했다. 내가 해준 것은 아이가 문제를 맞히든 틀리든 반복적으로 칭찬하고 기분 좋은 시간을 만들어준 것뿐이었다.

이런 과정들을 어머님께 말씀드리고 집에서도 무한한 칭찬과 함께 놀이처럼 이끌어달라고 부탁드렸다. 그 이후의 변화는 상상하던 것처럼 어머님과 아이의 관계가 좋아졌고, 아이가 수업 시간에 자신감과 더불어 자존감이 높아지면서 자기도 할 수 있다는 가능성을 믿고 있는 것 같았다. 나는 아이들과 함께하면서 나의 자존감이 더 많이 치유되었다. 결국 사람은 나이, 성별, 직업에 상관없이 스스로를 믿고 존중할 줄 알아야 한다. 이에 가장 효과적인 방법은 반복된 성취라는 것을 절실히 느꼈다. 우리 반의 남자아이처럼 같은 상황을 대하는 태도가 달라질 때까지 반복된 성취는 지속되어야 한다. 보잘것없고 미미한 하루하루가 모여서 목표 달성에 점점 가까워지면 우리는 더 이상 하루를 그냥 보내지 않을 것이다.

좋은 습관을 만들고 싶지만
며칠 하다가 항상 그만두게 돼
작심삼일에서 그치는 이유는
막연하게 '하면 좋다' 정도로 인식하고 있기 때문이야

습관을 들여야만 하는
강력한 동기부여를 만들어 봐
나는 다이어트에 성공하고 싶을 때
일주일에 세 번 헬스장 가는 습관을 들이려고
사진관에 바디 프로필 촬영을 비싼 돈 주고 예약했어

꼭 돈을 쓰라는 얘기는 아니고
나에게 통하는 방법이라는 거야
그 습관을 할 수밖에 없는 환경을 만들어보자

내가 완벽하지 않은 것은
당연하다

"인생에는 빈틈이 있기 마련이야.
그걸 미친놈처럼 일일이 다 메워가면서 살 순 없어."
– 영화 〈우리도 사랑일까(Take This Waltz)〉, 2011

완벽함이라는 압박에서 벗어나자

"하나님은 공평하다. 모두에게 불공평하기 때문이다."라는 말이 있다.
나에게는 없는 것이 다른 사람에게는 있고, 그 사람에게 없는 것이 내게
있다. 우리는 각자 가지고 있는 것을 보아야 한다. 그것을 연구하고 빛나
게 하려고 노력해야 한다. 그러나 대부분 자신에게 없거나 모자란 것만
보며 살아간다. 나에게 없는 것이 다른 사람에게 있을 수 있는 건 당연한
건데, 그것이 큰 결함이 되는 것처럼 좌절한다. 일을 할 때에도 속도가 굉
장히 빠르지만 섬세함이 부족한 사람이 있고, 속도는 빠르지 않지만 꼼꼼
하게 수행하는 사람이 있다. 일처리 속도가 빠르면서 꼼꼼하게 잘하는 사

람도 있다. 그런 사람은 우리가 보지 못했을 때 미리미리 준비를 조금씩 하고 있거나 진짜 잘하는 사람일 수 있다. 하지만 그 사람이 속도와 실력 모두 갖추려고 한 노력만큼 우리가 하지 않았기에 그런 경우는 결과만 놓고 비교해서는 안 된다.

주변에서 자신을 완벽주의자라고 말하는 사람들을 많이 볼 수 있는데 완벽주의자도 두 가지로 분류할 수 있다. 자신이 정말 완벽하다고 믿는 사람과 완벽하다는 것이 불가능하다는 것을 알고 완벽에 가깝도록 실수를 줄이려 노력하는 사람이다.

첫 번째 경우는 자기보다 못한 사람과 비교하며 '저 사람에 비하면 나 정도면 완벽하지.'라고 생각한다. 자기보다 괜찮은 사람을 보면 인정할 수 없기 때문에 깎아내린다. 그래야 자기가 완벽한 사람이 되기 때문이다. 두 번째 경우는 완벽한 것이 불가능하다는 것을 본인이 인지하고 있지만 그래도 실수를 최소한으로 줄이기 위해 완벽에 가까운 노력을 기울인다. 그리고 실수를 빠르게 인정하고 즉시 수정한다. 나는 두 번째 사람이 완벽주의자에 '가까운' 사람이라고 생각한다.

나는 어렸을 때부터 부모님께 칭찬을 듣지 못했다. 칭찬을 갈구했다. 인정받고 싶어서 완벽해지고 싶었다. 그럴 때마다 나를 찾아온 건 무기력함이었다. 완벽해지려고 할수록 나의 한계와 부딪히고 완벽과는 거리가 먼 자신을 발견했기 때문이다. 그래서 결론적으로 '난 해도 안돼.'라는 생각을 가지고 삶의 방관자가 되기도 했다. 만약에 완벽해진다면, 그다음 장면엔 무엇이 있을까. 꽃길이 펼쳐질까? 아마 완벽을 유지하기 위해 자신을 잊은 채 완벽에 의한 완벽을 위한 노력만 하게 될 것이다.

각자에게는 가야 할 길이 따로 있고 그 길을 가는 데 필요한 준비물도 다르다. 나와 저 사람은 가야 할 길이 다른데 무작정 저 사람의 준비물과 내 준비물을 비교한다. 타인과 나를 비교 대상으로 삼는다는 것 자체가 틀린 것이다. 비교 대상이 아닌 것을 굳이 찾아서 비교하며 자책한다면 아마 세상 사람 모두가 불행하다고 느낄 것이다. 대부분의 사람들이 그렇겠지만 내가 완벽주의를 추구하는 이유는 무시당하기 싫고, 비난받기 싫어서이다. 칭찬받고 싶은 결핍이 나를 완벽에 집착하게 만들었고, 결국 나는 무엇을 하든지 만족이라는 것을 느끼지 못하는 상태가 되었다.

고등학교를 다닐 때 같은 반 아이들 중에서 시험이 끝나고 책상에 엎드려 우는 아이를 본 적이 있다. 자신 있는 과목에서 1개가 틀렸다고 내신이 망했다고 하는 것이다. 그리고 집에 가면 부모님께 틀린 것에 대해 혼난다고 했다. 옆에서 그 아이를 지켜보며 느낀 것은, 무엇을 위해 공부를 하는지 모르겠다는 것이었다. 부모님을 위해서 하는 것인지 혼나지 않기 위해 애쓰는 것인지 모르겠으나 둘 다 공부를 하는 동기가 되어서는 안 되

는 것이 분명했다. 옆에서 그 아이의 일상을 상상만 해보았는데도 답답해
졌다. 숫자로 결과가 나오는 모든 시험에서 강박을 가지고 지내는 그 친
구가 안쓰러웠다. 그 이후 TV에 성적을 비관하여 자살을 하는 안타까운
뉴스를 접할 때마다 그 아이가 생각나서 가슴이 아팠다.

'완벽하자'가 아니라 일단 '하자'

나는 지구력이 매우 약해서 무엇을 하든지 뒷심이 부족하다. 그래서 그
런지 한 가지에 집착을 하다가도 시간이 어느 정도 지나면 집착이 없어지
거나 포기하게 된다. 지구력이 없는 것은 지금도 나의 단점이라고 생각한
다. 그래도 심한 완벽주의자보다는 나은 점도 있다. 바로 끝없이 생각만
하느라고 나를 지속적으로 괴롭히지는 않는다는 것이다. 물론 생각은 많
이 하지만 두통이 올 정도로 몇 날 며칠 밤을 꼬박 새는 정도는 아니라는
것이다.

연예인에게 많이 나타나서 '연예인 병'이라고 불리는 공황장애도 완벽
주의에서 오는 것이다. 연예인은 인기를 먹고사는 직업이기 때문에 공적
인 자리뿐만이 아니라 사적인 자리에서도 항상 밝은 모습, 좋은 모습을
보여줘야 한다. 연예인에게 인기가 떨어진다는 건 더 이상 가치가 없어진
다는 것이기 때문이다. 이렇게 24시간 365일 인지도에 집착하고 노력하

다가 한계점에 다다르면 아무것도 할 수 없어진다. 사람들에게 부정당하는 것 같고 사람들이 날 싫어하는 것 같아서 왜 사는지도 모르겠고 숨쉬기조차 힘들어진다. 요즘은 공황장애 증상이 학생들에게서도 점점 많이 나타나고 있다고 하니, 얼마나 학업 스트레스에 쫓겼으면 저럴까 안타깝다.

우리가 완벽하다고 생각하는 연예인도 이렇게 공황장애가 생길 만큼 스트레스를 받고 있고, '학생 때가 좋다'며 우리가 부러워했던 그 학생들도 공황장애가 올 만큼 스트레스를 받는다. 완벽이라는 것이 이만큼 우리를 벼랑으로 내몰고 있는 것이다. 결국 타인에게 비난받는 것을 두려워하며 살고 있지만, 결국은 그 누구도 아닌 자기가 자신을 비난하고 있는 것과 같다.

스스로 완벽하지 않다고 불안해할 필요 없다. 완벽주의에서 벗어나려면 결과 중심적인 사고를 과정 중심적인 사고로 바꿔야 한다. 결과는 우리가 정할 수 있는 것이 아니다. 하지만 과정은 내가 내 의지로 하는 그 자체이다. 결과에 연연하지 않을 정도가 되기 위해서는 과정에 정말 후회 없을 정도로 최선을 다해야 한다. 일단 완벽할 수 없다는 것을 인정하고 완벽에 가까워지도록 노력하는 과정에 중점을 두자. 그 과정 중에서도 반드시 깨달음이 있고 나에게 만족감을 줄 만한 성취를 하게 될 것이다. 내가 한 행동의 결과가 성공과 실패, 두 가지로만 나뉘는 것이라고 단정 짓지 말자. 과정에 얼마나 열심히 임했는지 나에게 부끄럽지 않을 정도인지를 알아야 한다. 그리고 결과가 실패일 때는 '최선을 다해도 실패한 것은 어쩔 수 없지.'라고 가볍게 넘어가보자.

JUST DO IT.

스포츠 브랜드 나이키의 슬로건이다. 뜻은 '그냥 하라, 지금 시작하라.'이다. 생각은 잠시 접어두고 일단 시작하라고 말해주고 있다. 아무것도 경험하지 않으면 아무것도 남지 않는다. 성공도 시작을 해야 할 수 있듯이, 실패도 시작을 해야 알 수 있다. 실패에서도 얻는 것이 있다. 모든 경험은 교훈을 남긴다. 완벽하지 않다고 불안해하지 말고, 완벽하지 않기에 노력하겠다고 마음먹기 바란다. 나 또한 어제의 나보다 더 나은 내가 되기 위해 노력하고 있다. 나를 잘 알고 나를 잘 다룰수록 완벽에 가까워질 수 있으니, 완벽이라는 기준을 단어 그 자체에 두지 않고 과거의 나에게 두길 바란다.

자신이 별로이길 바라는 사람은 없어

더 나은 사람이 되기 위해 노력하는 것은

참 좋은 거야

노력을 했지만 완벽해지지 않았다고

절망해선 안 돼

우리는 완벽해질 수 없거든

완벽을 쫓을 때마다 그렇지 못한 자신을 보며

무기력에 빠질 수밖에 없어

그러니 완벽에 가까워지는 사람이 되려고 노력하자

내가 만족시킬 수 있는 건
나뿐이다

"가끔은 살려고 노력하느라 진짜 살 시간이 없는 것 같아."
– 영화 〈달라스 바이어스 클럽(Dallas Buyers Club)〉, 2013

모든 사람을 만족시킬 수 없다

이제부터 다른 사람이 아닌 날 위해 살려면 무엇부터 해야 할까? 나보다 다른 사람의 마음을 먼저 생각하는 것부터 그만두자. 내가 정말 싫은 것은 눈치 보지 말고 싫다고 얘기하고, 먹기 싫은 것도 눈치 보며 억지로 먹지 말고 먹기 싫다고 말하자. 나는 최근까지도 커피를 잘 마시지 못했다. 카페인에 약해서 손발이 떨리고 심장이 터질 것처럼 뛰어댔다. 그런데 어린이집에 아이를 등하원시키러 오시며 학부모님들이 커피를 자주 사 오셨다. 그러면 나는 한 모금도 마시지 못하고 동료 선생님들께 다 드렸다. '왜 이렇게 다들 커피만 사 오시는 거지?' 하고 혼자 뾰로통해 있다가 문득 생각이 났다. 나는 커피를 못 마신다고 말씀드린 적이 아직 없었다. 항상 웃으며 감사하다고 했기 때문에 학부모님들은 그 사실을 알 리가 없었는데 커피를 못 마시는 나를 배려해주지 않는다는 생각만 했다. 정말 잘못 생각하고 있었다.

그 후 옮긴 직장에서 상사가 캔커피를 사주셔서 '죄송하지만 커피를 마시지 못한다.'고 정중하게 말씀드렸다. 그 말을 한 뒤로는 날 위해 따로 차를 사주시곤 하셨다. 그때 알았다. 말한 만큼 대접받는다는 것을. 내가 좋아하고 싫어하는 것을 명확하게 말하면 상대방도 답답해하지 않고 나에게 맞춰서 대해줄 수 있기 때문에 오히려 편하다. 커피를 못 마신다고 하면 까다롭다고 뭐라 할까 봐 말도 못 하고 꾹 참다가 한참 뒤에 '사실은 커피를 못 마신다.'라고 말하면 상대방 기분이 어떨까? 처음부터 말하지 왜 참다가 지금에서야 말하는지 이해하지 못할 것이다. 내가 배려했다고 생각하지 않고 오히려 기분 나빠할지도 모른다. 이렇게 자기감정에 어느 정도 솔직한 것은 나와 상대방 모두를 편하게 해준다.

앞으로 일을 하든 취미생활을 하든 간에 기준을 남에게 인정받는 것에 두지 않아야 한다. 우리는 흔히 노력한 만큼 인정받을 수 있다는 착각을 한다. 하지만 아무리 노력해도 어딘가에서는 미움받을 수밖에 없다. 어떤 사람이 이유 없이 싫을 때가 있듯이, 남들도 내가 이유 없이 싫을 수도 있는 것이다. 유튜브에 정말 인기가 많은 영상에도 '싫어요'가 조금도 있는 것과 같은 이치이다. 기준을 남에게 인정받는 것으로 설정하는 순간부터 그 일을 온전히 즐길 수 없다. 나의 만족에 조금 더 치중한다면 눈치 보지 않고 나에게 집중할 수 있고 결과에 따른 후회도 적어진다.

2년 전 노원에서 자취를 할 때의 일이다. 당시 2층에 살고 있었는데 옆집에서 정중한 부탁을 해왔다. 자기는 밤에 일하고 낮에 자니까 세탁기를 밤에 돌려도 상관없으니 퇴근하고 편하게 세탁을 하라고 했다. 이 분이 부탁을 기분 안 나쁘게 잘해서 그렇지, 사실 낮보다는 저녁에 돌려달라는 것이었다. 다행히 구조상 건물 1층은 주차장이었고 내가 맨 끝 집이었기에 다른 세대들을 신경 쓰지 않고 저녁에 돌릴 수 있어 기꺼이 그렇게 해드렸다. 보통은 밤에 옆집에 민폐가 갈까 봐 낮에 하거나 주말에 몰아서 세탁기를 돌리는 경우가 대부분이다. 하지만 그때의 상황은 내가 밤에 세탁을 해야 옆집에 피해가 안 가는 상황이었던 것이다. 만약 내가 살고 있는 집의 옆집과 아랫집이 있었다면 그분의 부탁을 들어주지 못하고 계속 피해를 줄 수밖에 없는 상황이 되는 것이다. 이렇듯 모든 사람을 만족시킬 수 없고 모든 사람에게 미움을 안 받을 수도 없다. 한쪽을 만족시키면 다른 쪽에서는 나를 싫어할 수밖에 없음을 인정하고 어중간하게 가지 말아라. 내가 옳다고 생각하는 한 가지 방향을 정하고 밀고 나가라. 잡음은 어떤 선택을 하든 일어난다.

항상 남을 위해 살 수는 없다. 때로는 남의 도움도 필요할 때가 있다. 그렇기에 다른 사람에게 도움을 요청할 때가 반드시 온다. 모든 것을 스스로 하고 도움도 필요 없고 항상 결과도 완벽한 사람을 본 적이 있는가? 그런 사람은 본 적이 없을 것이다. 만약 있다면 내가 보지 못한 곳에서 도움을 구했을 것이다. 사람은 함께 살아갈 수밖에 없는 동물이다. 나만 남을 도와주는 것이 아니라 나도 때로는 도움을 받을 필요가 있다. 인간적으로 남에게 의지하기도 한다면, 도움을 요청받은 그 사람은 자신의 존재 가치를 인정받은 것으로 느끼기에 더욱 적극적으로 나를 도와주려고 할 것이다. 나를 인정하고 나의 도움이 필요하다는데 기분이 나쁠 사람이 있을까?

내가 날 위하지 않으면 날 위해줄 사람은 없다

나는 고향인 강원도 원주를 떠나 서울에서 지낸 지 7년쯤 되어간다. 우리 부모님은 그런 나를 항상 걱정하신다. 밥도 제대로 못 챙겨 먹어서 몰골이 말이 아니라며 원주에 갈 때마다 상다리가 부러지게 진수성찬을 차려주신다. 나는 부모님께 걱정을 끼치기 싫어서 아파도 안 아픈 척하는데 다 티가 나는가 보다. 하루는 내가 사는 서울 원룸에 문제가 생겨서 어머니가 걱정하셨는데 내가 혼자서 잘 처리하는 모습을 보며 잘했다고 하셨지만 왠지 씁쓸해 보이는 표정을 지으셨다. 항상 잔소리하며 챙겨주기 바쁜 작은딸이었는데, 갑자기 혼자 알아서 하는 모습을 보니 더 이상 잔소리할 일도 줄어들고 어머니를 필요로 하지 않게 되는 것 같아 씁쓸하셨던 건 아닐까. 나는 그렇게 느낀 후로 가끔은 투정도 부리고 어떤 반찬도 해달라고 요청하곤 한다. 어머니에게는 그것이 활력소가 되지 않을까 해서 말이다. 내가 그렇게 했을 때 더욱 환영해주시고 좋아하시는 것으로 보아서 나의 짐작이 맞는 것 같다.

어머니도 집에서는 자녀가 필요로 할 때 존재의 가치를 느끼고, 나도 지인들이 도움을 요청해올 때 나의 어떤 한 분야는 인정을 받는 것 같아서 기분이 매우 좋다. 심지어 아버지, 어머니께서 스마트폰을 이용하시다가 모르는 게 있어서 물어보실 때에도 나는 알려드리면서 뿌듯하다. 작은 일이어도 내가 필요하다는 것을 느낄 때는 여지없이 행복하다. 내 인생의 주인공은 나인데, 항상 누군가를 위해 산다면 조연으로 살겠다는 것이다. 나에게 부족함이 있으면 나의 발전을 위해서 도움을 요청하고, 누군가가 나를 필요로 한다면 기꺼이 도와줘라. 그것이 내 인생의 주인공으로 사는 방법이다.

남 눈치 보며 기분 맞춰가며 살아간다는 것은 너무나 피곤한 일이다. 정작 가장 가까운 나의 마음을 신경 써본 적은 많지 않을 것이다. 우리가 선택을 할 때 고민을 한다는 것은 내가 원하는 것과 상대가 원하는 것이

나의 자존감 연대기

다르기 때문이다. 상대방을 배려한 적이 몇 번 있다면 당신이 원하는 것을 말한다고 뭐라고 할 사람은 없다. 그리고 내가 솔직한 속내를 말함으로써 상대방은 본인을 비로소 편하게 여긴다고 생각하여 더욱 좋아할 것이다. 속내를 감추고 하고 싶은 말도 안 하는 사람은 감추는 게 많고 자기의 생각을 공유하기 싫어하는 것 같아서 거리감이 느껴지기 때문이다. 내가 요청을 하거나 내 생각을 말한다고 해서 다른 사람이 무조건 싫어할 거라는 편견을 버려라. 여태까지 수없이 다른 사람의 요청을 들어주며 살았으니 이제는 말할 때도 됐다.

다른 사람이 뭐가 필요한 것 같은지 눈치 보지 말고 나에게 필요한 것은 진정 무엇인지 생각하자. 다른 사람이 어떤 기분인지 너무 눈치 보지 말고 내 기분이 어떤지 외면하지 말자. 내가 날 위하지 않으면 날 위해줄 사람은 없다.

나는 내가 편하려고 상대방과 있을 때

무조건 상대방에 맞춰주려고 해

이게 한두 명이면 가능한데

수십 명이 있을 때도 가능할까?

대학생 때 과대표였는데

우리 과 학생들 모두의 의견을 들어주는 건 불가능했어

80%의 찬성이 있으면

20%의 반대는 항상 있게 마련이야

남에게 칭찬을 들었을 때와

내가 원하는 삶을 살았을 때

둘 중에 정말 행복한 순간은

원하는 삶을 살았을 때지

순간이 아닌 지속된 성취감을 위해서

자기 확신을 갖고 살아갔으면 해

자존감은
행복할 수 있는 능력이다

"아무도 알아주지 않지만, 난 해낼 수 있는 능력이 있어. 그걸 보여주고 싶었어."
영화 〈굿모닝 에브리원, Morning Glory〉, 2010

노력할 시기를 미뤄선 안 된다

항상 타인의 기준에 맞추어 살다 보니 정작 내가 어떤 상태일 때 행복한지 몰랐다. 타인의 눈에 어떻게 비추어지는지가 기준이 되어버렸다. 나도 자신감을 갖고 행복하게 살기 위해 노력한 때가 있었다. 일단 내가 다른 사람들에게 예뻐 보이길 바랐다. 그래서 예쁘게 화장하는 법을 알려주는 동영상을 보면서 알지도 못하는 비싼 브랜드의 화장품을 수십만 원어치 샀다.

하지만 좋은 화장품을 산다고 화장이 잘되는 것이 아니었다. 어떤 화장품을 쓰든 내 얼굴 특징에 대해 잘 알고 그에 맞춰 화장법을 바꿔야 하는

데, 예쁜 사람을 따라 하면 나도 마냥 그 얼굴이 되는 줄 알았던 것이다.

또 우리 집에 놀러 오는 친구들에게 부러움을 받고 싶었다. 그래서 원룸에 살면서도 소파, 커튼, 화장대 등 인테리어를 실용적인 것보다 비싸 보이는 것으로 사기도 했다. 옷 스타일도 성숙한 어른처럼 보이고 싶어서 옷 전체를 바꿔보겠다며 돈을 엄청 들여 바꿔보았지만 나에게 어울리지 않았다. 결국은 기준이 내가 아닌 남이 돼버리니 어느 순간이 지나면 허무해지고 의미가 없어져버렸다. 내가 어떻게 살면 좋을지 물어볼 사람도 없고 알려주는 사람도 없고 이대로 방법도 모른 채 살아야 하나 회의감이 들었다.

2018년 개봉한 영화 중에 〈크레이지 리치 아시안〉이라는 영화가 있다. 레이첼이라는 여주인공과 닉이라는 남자친구가 사귀고 있는데 닉이 알고 보니 싱가포르에서 가장 부유한 집안의 아들이었던 것이다. 둘의 관계를 알고 닉의 어머니가 레이첼을 탐탁지 않아 하고 사교계 사람들에게 괴롭힘을 당하는 내용이다. 하지만 레이첼은 남자친구인 닉이 자신을 너무나 사랑하고 있었고 게다가 엄청난 부자이기도 했기에 난관을 극복하고 결혼할 줄 알았다. 그러나 닉의 어머니는 자기와 한 가족이 되면 여자로서 개인보다 가정에 헌신해야 한다는 것을 강조했고 여러 방법으로 괴롭히며 내치려고 했다. 모함을 받던 레이첼은 결국 닉을 떠나 자기 자신을 선택하기로 결정한다.

결국 어떤 관계에서든 어떤 상황에서든 나 자신을 존중하고, 스스로를 저버리지 않는 선택을 하는 것이 정답인 것이다. 여주인공은 상대방에 비해 약자라고 해서 스스로를 굽히거나 맞추려고 하는 행동들은 일절 하지 않았다. 그리고 레이첼은 자기가 한 선택을 후회하지 않았다. 결과를 담담하게 받아들이려 했다. 이 영화를 보면서 과연 나는 레이첼처럼 한계에 몰리는 순간까지도 소신을 잃지 않고 나다움을 유지할 수 있을지 생각해보게 됐다.

만약 자존감이 낮다면 내가 필요한 순간에 갑자기 높여 쓸 수 있을까? 절대 하지 못한다고 확신한다. 매 순간 나를 우선순위로 두고 나를 먼저 살피는 습관은 평소에 항상 준비해놓아야 하는 필수 지침이다. 인생은 조심한다고 해서 나쁜 일이 생기지 않고 좋은 일만 일어나는 것이 아니기 때문이다. 수시로 때때로 나를 흔들고 시험하는 시련 속에서 나를 제대로 지킬 수 있는 자만이 행복을 느낄 수 있을 것이다. 곧 행복한 삶을 위해서는 자존감이 필수 능력인 것이다.

그러므로 나에게 고쳤으면 하는 치명적인 단점이 있거나 나아지고 싶은 부분이 있다면 미루지 말고 하루빨리 개선하기 위한 노력을 시작해야 한다. 당장 급한 거 아닌데 시간 날 때 해야지 하고 생각할 수 있다. 이것은 '내일 태풍이 온다는데 오늘은 안 왔으니 대비는 내일 해야겠다.'라고 생각하는 것과 같다. 오늘은 태풍이 오지는 않지만 우박이나 소나기가 내릴 수도 있다. 또 전혀 예상치 못한 사소한 문제들이 나의 발목을 붙잡을 때도 있다. 나이키의 슬로건인 Just Do It을 떠올려 보자. 내 감정에 솔직해지기 등의 작은 것부터 당장 시작하자. 만약 완벽주의라며 다음 달 1일부터 하겠다, 다음 주 월요일부터 하겠다는 식으로 미룬다면 영원히 미루게 될 것이다. 마음먹은 그때! 지금이 가장 좋은 시기이다.

나를 사랑하는 마음도 노력해야 얻을 수 있다

친구 중에 정말 조용하고 차분한 성격이지만 근심 걱정도 많고 나만큼 자존감이 낮았던 친구가 있다. 결혼을 했는데 계획하지 않았던 아이를 가지게 되었다. 그리고는 놀라서 남편에게 말하기 전에 나에게 먼저 말을 꺼내왔다. 이런 경험은 처음이라 너무 당황스럽고 겁이 난다고 했다. 또한 아이의 엄마로서 잘해낼 수 있을지 걱정이 앞선다고도 했다. 나는 결혼이나 임신을 하지 않아서 자세한 조언을 해줄 수는 없었지만 대신 위로를 해주었다. '사람은 누구나 감당할 수 없는 상황들을 맞이한다. 대부분은 경험해보지 못한 것이며 잘할 수 있을지 없을지를 떠나 해야만 하는 순간이 찾아온다. 그럼에도 문제 없이 다 잘해왔고 안 된다면 주위에 손만 뻗으면 도와줄 사람들이 대기하고 있다. 너라면 모두 도와주려고 할 것이다. 너는 그런 사람이다. 모든 게 잘될 테니 너무 걱정 말아라.'라고 말이다. 그 말에 용기가 생겼는지 남편에게 이야기하고 둘이 잘 해보자고 말했다고 한다.

하지만 출산 후에 또 고비가 찾아왔다. 초보는 늘 실수하게 마련인데 그럴 때마다 자책하고 자기 비하하고 자격이 없다며 스스로를 벼랑으로 내몰고 있었다. 그런 모습을 보면서 매우 안타까웠다. 자신의 자존감이 낮은 것을 알면서도 그대로 짊어지고 가기로 했고 개선될 여지를 놓아버린 결과이기 때문이다. 실수하면서도 하나씩 알아가는 기쁨을 느끼고 가족애가 더 끈끈해지면서 행복한 나날을 보낼 수도 있다. 그런데 아이가 감기 걸린 것도, 스스로 긁어서 얼굴에 상처가 난 것도 모두 자기 잘못으로 돌려버리고 있었다. 그렇게 해서 문제가 해결되는 것도 아니었다. 나중에는 육아 자체에 심각한 스트레스를 받아서 원형탈모가 조그맣게 시작되었다. 결국 힘든 상황이 닥쳤을 때 나를 존중하는 마음이 약해서 스스로 파괴하는 지경에 이른 것이다.

그만큼 나를 사랑하는 마음은 반드시 필요한 것이지만 누구나 충분하게 가지고 있지는 않다. 쉽게 얻어지는 것도 아니다. 별 차이 있겠냐며 중요성을 무시하는 것은 자기 인생을 무시하는 것과 다름이 없다. 타인에게 무시당하기 싫은 만큼 나를 사랑하는 마음도 같이 커져야 한다. 그러나 나를 사랑하는 마음은 부족한 채로 나를 무시한 사람이 있으면 눈에 불을

켜고 누군지 찾아내어 따지려고만 한다. 살아가면서 가만히 있는 나에게 딴죽 거는 사람은 앞으로 수없이 만날 것이다. 그때마다 묻고 따지는 것은 상대의 생각 없는 말을 내가 인정해버리는 것이고 그렇게 하면 속 좁은 사람이 될 뿐이다. 그러니 그런 말쯤은 가뿐하게 넘길 수 있는 여유를 갖기 위해, 자존감을 향상시키기 위해 지금부터 천천히 준비하자.

　세상을 바꿀 수 없을 땐 나를 바꿔야 한다. 생각하는 관점을 바꾸면 힘들었던 것들을 웃으며 이겨낼 힘이 생긴다. 행복한 삶을 살기 위해서는 행복을 찾아 떠나는 것이 아니라 불행을 불행이 아니라고 여기는 것부터가 시작이다. 언제나 상승세와 하락세가 있다. 상황이 안 좋을 때는 인생의 하락세를 살고 있으니 곧 상승세를 타겠다고 생각하고 올라갈 준비를 하며 버티자. 불행을 피할 순 없으니 받아들이되 최대한 무덤덤해지려고 하고, 비로소 크고 작은 행복이 찾아왔을 때는 두 팔 벌려 반겨줘라.

우리는 참 걱정도 많고 고민도 많지
부정적인 생각을 안 하는 방법은 없어

하지만 그런 생각만으로
내가 송두리째 흔들리지 않으려면
단단하고 묵직한 뿌리가 있어야 해

작은 실패 따위로 나를 미워하지 않는,
누구보다 나를 사랑하는 내가 되어야 해

가만히 서서 변화를 기대하지 마라 ┃ 장점이
든 단점이든 감추지 마라 ┃ 나를 조금씩 더
사랑하라 ┃ 힘든 순간, 먼저 스스로 위로하
라 ┃ 삶의 모든 순간을 소중히 여겨라 ┃ 지
나간 과거를 곱씹어 후회하지 마라 ┃ 스스로
너그럽고 관대하게 대하라 ┃ 약점을 특징으로
전환시켜라

3장

나를 힘들게 한 모든 것에 이별을 고하는 방법

가만히 서서
변화를 기대하지 마라

"세상에서 제일 쓸모없고 가치 없는 말이 '그만하면 잘했어'야."

– 영화 〈위플래쉬(Whiplash)〉, 2014

일단 움직이고 시도하라

실제로는 생각만 하고 행동하지 않으면서 원하지 않은 방향으로 흘러간다고 상황을 탓하는 사람이 있다. 나도 그랬기 때문에 그 마음을 이해한다. 내가 직접 움직이는 것은 귀찮은데 그냥 잘됐으면 하는 마음이다. 알아서 모든 것이 잘됐으면 하는 것인데 아쉽지만 지금까지 그렇게 된 적은 정말 운이 좋아서 우연히 맞아떨어진 적 말고는 없다. 그렇다면 이렇게 말하는 사람이 생길 것이다.

"내가 움직인다고 다 해결되는 건 아니잖아요."

맞는 말이다. 나서서 해결된다면 우리는 모두 행동파가 되었을 것이다. 하지만 나는 다른 말을 해주고 싶다. 우리가 가만히 있지 않고 움직였기 때문에 적어도 아닌 것은 거를 수 있고 어떤 방향으로 가야 하는지 감이라도 잡을 수 있다고. 나는 자존감을 높이기 위해 우선 자신감을 가져야겠다고 생각했고 나를 움츠러들게 하는 것들을 살펴보았다. 일단 거울로 봤을 때는 하체에 살이 많이 몰려 있어서 둔해 보이는 게 싫었다. 그래서 마사지도 해보고 지방분해주사도 맞고 최종적으로 지방 흡입도 했었다. 다이어트를 해서 최저 몸무게를 찍고 잠시 기분이 좋았지만 자신감 상승으로 연결되진 않았다.

그다음으로 나를 움츠러들게 한 것은 얼굴이었다. 외모가 보통 사람만 돼도 좋을 것 같았다. 그래서 또 열심히 돈을 모으고 적금을 깨서 성형수술을 했다. 부모님이 크게 반대하실 것을 알아서 하루 전 날 어머니에게만 살짝 말씀드리고 바로 다음 날 수술을 했다. 두 달 동안 사람을 만나지 않았다. 깜깜한 밤이 되어서야 부기를 빼기 위해 혼자 공원을 걸었다. 그렇게 얼굴이 바뀌고 살을 빼고 나서 다시 사회로 돌아갔을 때 나는 세상을 다 얻은 기분으로 살 수 있을 줄 알았다. 하지만 초반에만 친구들이나 동료들, 지인들이 바뀐 외모에 놀라 칭찬 몇 마디 해주는 것 말고는 다시 똑같은 일상이었다. 그 당시는 너무 허망했다. 그리고 이 방법만으로 자신감이 올라가지 않는다는 것을 그제야 알게 됐다.

하지만 나는 포기하지 않았다. 그만큼 나의 지질한 성격을 많이 바꾸고 싶었던 것이다. 원하던 대로 성격이 바뀌지 않았지만 다이어트와 성형을 한 것을 후회하지는 않았다. 그래도 성형을 해서 그런지 예전처럼 얼굴을 푹 숙이고 다니지 않을 정도의 자신감은 생겼다. 외면을 바꾸고 나니 내면을 채우고 싶은 욕심이 생겼다. 그래서 그때부터 도서관에서 책도 빌려보고 나름 뉴스도 챙겨보려고 했다. 하지만 무언가 필살기가 필요할 것 같아서 공부를 해야겠다고 마음먹었다. 그때도 내가 정작 무엇을 하고 싶은지 잘 몰랐기에 이것저것 시도해보았다. 만들기를 좋아해서 수공예 쪽으로 배우러 다녔는데 수공예는 취미 정도로 하면 될 것 같았다.

공부를 시작할까 했지만 자격증을 따면 끝나는 공부나 시험을 위한 공부는 싫었다. 싫은 것이 명확했기에 '내가 추구하는 것이 없진 않구나.' 하고 알 수 있었다. 내가 진짜 원하는 것이 있는 것 같은데 아직 못 찾은 것 같다는 느낌이 마구마구 피어났다. 이런 식으로 계속 찾고 부딪쳐보면 가까운 미래에 발견할 수 있을 것 같아서 괜스레 기대감이 생겼다. 나를 지켜본 사람들 중에는 내가 외모를 가꾸는 데 많은 시간과 돈을 투자한 것에 대해 비판할 사람도 있을 것이다. 하지만 나는 당당하게 말할 수 있다. 그때가 아니었으면 지금이라도 했을 것이고, 그때 외형적 변화에 최선을 다해봤기에 그것이 해답이 아니었다는 걸 알게 됐다고 말이다. 나는 자존감을 높이고 싶다고 가만히 생각만 하고 있었다. 하지만 그러다가는 아무것도 못할 것 같았다. 시간을 더 끌다가는 나중에 시도조차 안 한 것을 후회할 것 같아서 움직이게 되었다.

도전은 누구도 대신해주지 못한다

내가 만약에 몇 년 전에도 생각만 하고 그냥 넘어갔다면 지금쯤 어떻게 살고 있을까. 인생을 비관하면서 '더러운 세상'을 외치며 여전히 불평불만만 하고 있을 것 같다. 그때의 나로 절대 돌아가고 싶지 않다. 결과적으로 보면 내가 시도했던 것들로 인해 원하는 결과를 얻지 못했다. 그러나 후회하지 않았다. 오히려 시도하기 전으로 돌아가기가 더 끔찍하다. 이 경험으로 나는 많은 것들을 얻었다. 외모가 자신감과 자존감의 전부는 아니라는 것도 알게 되었고, 내면의 채움이 훨씬 중요하다는 것도 알게 되었다. 그래서 더 이상 얼굴에 집착하지 않을 수도 있게 된 것이다. 나 스스로를 칭찬한 적이 많지 않지만 그때의 결정은 정말 잘한 것 같다. 그때가 아니었으면 그런 결단을 내리지 못했을 것이다.

인생의 그래프를 멀리서 봤을 때, 가장 많이 변화를 시도했던 때이다. 서른 살이 지나고 그런 결정을 했으니 내 친구들 사이에서는 내가 유일했다. 친구들의 85% 이상은 이미 결혼을 해서 가정을 꾸리고 자식을 낳아서 기르고 있었다. 아마 겉으로는 응원을 했어도 속으로는 철없다고 생각했을지 모르겠다. 나는 이미 큰 결심을 한 이상 주변의 말에 흔들리지 않기로 다짐했기에 별로 신경 쓰고 있지도 않았다.

회사 동료 중에 나보다 나이가 어린 여자 동생이 있는데 조언을 많이 구하는 아이였다. 옷을 사려 하거나 미용실에 갈 때 자신이 하고 싶은 스타일이 어울릴지 물어보는 것이 아니라 살지 말지, 할지 말지를 물어보았다. 본인의 몸에 하는 것인데도 남의 의사를 많이 물어보고 생각하는 편이었다. 혹시나 별로인 것 같다고 하면 절대 사지 않았다. 나는 그녀에게 네가 하고 싶은 것을 하라고 했다. 옷도 너의 마음에 들어야 자주 입게 되고 헤어스타일도 네가 예뻐 보이는 것으로 해야 후회를 안 하는 건데 언제까지 남의 말만 들을 거냐고 말했다. 내가 어울린다고 했는데 다음 날 다른 사람이 별로라고 하면 날 탓할 거냐고 하자 아니라고 했다.

그리고는 그 말을 해준 다음 날 나에게 과거의 이야기를 털어놓았다. 사실은 초등학생 때부터 아버지께 '함부로 하지 마라, 항상 물어보고 해라.'는 말을 많이 듣고 혼나며 자라왔다고 했다. 그래서 지금까지도 혼자서 무얼 결정하려면 두렵다고 했다. 나는 그녀의 등을 토닥여주며 이제는 우릴 혼낼 사람 없으니 혼자 결정하는 것에 재미를 느껴보라고 위로해 주었다. 나도 수동적인 성격을 박차고 나온 것이 누가 도와줘서가 아니라 나 혼자 해낸 것이기에 자신 있게 말할 수 있었다. 가만히 있으면 저 옷이 어울리는지 안 어울리는지 모른다. 입어봐야 어울리는지 안 어울리는지 알 뿐만 아니라 어떤 스타일로 시도할지도 생각할 수 있다.

시도했던 수많은 방법들로도 나를 만족시킬 수 없을 때가 있다. 그렇다면 그 방법들이 나에게 문제가 아니었다는 깨달음을 얻는 것만으로도 큰 수확이다. 시도하지 않으면 알 수 없기 때문이다. 절대로 시간 낭비할 것이라고 생각하여 아무것도 하지 않고 시간을 보내지 않길 바란다. 그것이야말로 진짜 시간 낭비이다.

내가 가장 두려워하는 것은 사람들 앞에서

망신과 조롱을 당할 거라는 불안함이야

한 번도 가보지 않은 길을 간다는 것은

이 모든 것을 감당해야 한다고 생각했어

하지만 완벽할 때까지 준비하려고 하면

결국엔 실행조차 할 수 없게 돼

그래서 내가 쓰는 방법은

최악의 경우를 상상하는 거야

뜻대로 풀리지 않았을 때

내가 겪을 수 있는 최악을 상황을

이미 겪었다고 받아들이면

실제로 실행했을 때 덜 떨게 되는 것 같아

장점이든 단점이든
감추지 마라

"남들이 싫어한다고 자기가 좋아하는 걸 숨기고 사는 것도
바보 같다고 생각해요."
— 영화 〈족구왕〉, 2013

콤플렉스는 내가 만드는 것이다

10여 년 전, 규모가 큰 고깃집에서 아르바이트를 했었다. 고깃집 아르바이트는 처음이었는데 그때 나에게 주어진 임무는, 카운터 쪽의 테이블 손님들에게 서빙을 하고 가게로 들어오는 손님에게 큰 목소리로 인사를 하는 것이었다. 들어오는 손님들에게 큰 소리로 인사한다고 하긴 했는데 원래 목소리가 작아서 그런지 아무리 소리를 지른다고 해도 시끄러운 고깃집의 소음에 묻혀서 목소리가 개미 목소리 같았다. 그때마다 홀을 전체적으로 담당하시는 이모님에게 지적을 받았다. 아무리 연습을 해도 크게 나아지지 않아서 '아르바이트도 아무나 하는 게 아니구나.' 하고 자신감이

나의 자존감 연대기

점점 줄어들고 손님이 들어오면 겁부터 났다.

그렇게 그만둘까 하는 생각까지 하다가, 큰맘 먹고 용기 내어 파트를 옮겨달라고 정중히 홀 이모님께 부탁드렸다. 이모님도 그게 나을 것 같다고 하시며 흔쾌히 허락해주셨다. 내 의견을 반영해주신 것에 너무 감사해서 서비스에 중점을 두고 열심히 일을 했다. 목소리가 크진 않았지만 요청하신 것을 빠르게 가져다드리려고 노력하고 항상 웃는 얼굴에 나긋나긋한 목소리로 대하니 손님들이 매우 만족해하셨다. 단골손님들은 열심히 한다며 팁도 주시고 예뻐해주셨다. 만약 홀 이모님이 무서워서 파트를 바꿔달라고 말씀도 못 드리고 그만뒀더라면 나의 기억 속에서 고깃집 아르바이트는 실패로 남아 있을 것이다.

하지만 매일 지적당하면서, 하루하루 자존감이 깎여나가면서 일을 한다는 것이 도저히 자신이 없어서 절실했기에 말씀드릴 수 있었다. 사실 제가 목소리가 너무 작아서 응대를 잘 못하는 것 같고 노력해봐도 잘 늘지 않으니 큰 소리를 내는 것은 남자 아르바이트로 바꿔달라고 했다. 남들 같으면 으레 할 수 있는 말이지만, 나로서는 내가 못하는 걸 인정하고 부탁을 드리는 이 과정이 정말 큰 난관이었다. 하지만 결국 말을 꺼냈고 지금은 성공적인 아르바이트 경험으로 내 기억에 남아 있다.

본인의 성격상 약점이라고 생각되는 것, 외모상 콤플렉스인 것을 먼저 상대에게 털어놓기는 사실 어렵다. 약점을 말했다고 정말 약점 잡혀서 휘둘리는 것은 아닌가 하고 걱정이 앞서기 마련이지만 사실상 그런 일은 그렇게 많지 않다. 나도 정말 사소한 것일지라도 말 못 하고 감추기 급급했는데 막상 말하니 마음이 편해진 경우가 몇 번 있기 때문이다. 나는 역시나 외모에 콤플렉스가 남들보다 많다. 평소 사람들과 눈이 마주치면 얼굴에 뭐 묻은 사람처럼 얼굴을 재빨리 돌리면서 눈을 피했다. 이유는 코 양옆에 작은 점이 하나씩 있었는데 화장으로 가려도 시간이 지나면 잘 보이고 사람들이 그것을 보면 웃을 것 같아서였다.

　하루는 친한 사이에도 눈을 오래 못 마주치고 눈길을 자꾸 피하는 걸 보더니 눈치 빠른 회사 언니가 왜 그러냐고 물어보았다. 평소 같았으면 별거 아니라고, 원래 그렇다고 말할 수도 있지만 나도 그런 내가 싫었기에 솔직하게 털어놓았다. 코 양옆에 점이 너무 보기 싫지 않냐고, 우스워 보이지 않냐고 물어보았다. 그 언니의 대답을 듣고 나는 충격을 받았다. 내가 말하니까 점이 보인다는 것이다. 말하기 전에는 점이 있더라도 그러려니 하고 아무 생각도 안 했는데 내가 말하니까 그때부터 언니도 코 옆에 점에 눈길이 간다는 것이었다. 그동안 사람들과 눈도 제대로 못 마주치고 눈길 피하기만 급했는데 막상 점은 나에게만 확대되어 크게 보였던 것이다.

　　　　　　　　　　　　　　　나의 자존감 연대기

정말 많이 허무했지만 언니에게 사실대로 말하길 정말 잘했다는 생각이 들었다. 사람들이 나와 눈을 마주칠 때 얼굴을 그렇게 샅샅이 보지 않는다는 것을 몰랐다. 정작 나부터도 사람과 얘기할 때 얼굴을 하나하나 뜯어보지 않는데 말이다. 내가 콤플렉스나 고민거리를 아무에게도 말하지 않고 감추려고만 했다면 지금까지도 눈도 제대로 못 마주쳤을지 모른다.

내가 하는 일에 자부심을 갖자

또는 사회적으로 말할 수 없는 분위기가 만들어지기도 한다. 앞서 여러 번 언급했지만 어린이집 선생님이었다. 하지만 나의 전공은 전혀 상관없는 컴퓨터 전공이다. 과를 선택할 때 하고 싶은 것이 없어서 담임 선생님과 어머니가 상의하셔서 정한 과이다. 컴퓨터 프로그램 공부도 내가 하고 싶은 게 아니었기 때문에 졸업 후 직업과 연결할 생각은 없었다. 그리고 통념상 전공과 전혀 다른 것을 한다고 하면 전문성이 떨어질 것이라고 생각을 많이 하기 때문에 남들 앞에서 컴퓨터과를 나왔다고 자신 있게 말하지 못했다. 그리고 어린이집이 아니라 유치원에 다닌다고 거짓말을 한 적도 있다.

요즘 들어서 어린이집에서 사건 사고가 많이 일어나고 있다. 그런데 전공도 컴퓨터였던 내가 어린이집 선생님이라고 하면 나까지 문제 있는 선생님으로 볼까 봐 더더욱 떳떳하게 밝힐 수가 없었다. 그래서 지인 중에는 내가 유아교육과를 나와서 유치원 선생님을 했던 것으로 알고 있는 사람도 있다. 하지만 언젠가부터 솔직히 말하고 싶었다. 유치원 선생님이라고 말하는 것은 어린이집 선생님인 나를 스스로 깎아내리는 처사라고 느꼈다. 그래서 컴퓨터를 전공했지만 아이들을 너무 좋아해서 졸업 후에 따로 공부를 하고 어린이집 선생님이 되었다고 솔직하게 말한다.

오히려 솔직하게 말하고 나니 더 당당해졌다. 예전에는 유치원 선생님이라고 거짓말했던 죄책감도 있고 내가 가르치는 우리 반 아이들에게도 미안했다. 지금은 당당하게 말하니 오히려 대학 졸업 후에 다시 공부를 해서 원하는 것을 한다며 대단하다고 하는 사람도 있었다. 유치원 선생님에 비해 어린이집 선생님을 무시할 거라고 생각했던 것도 나의 착각이었다. 아이를 좋아하고 가르치는 것이 나의 이미지와 맞는다며 잘할 것 같다고 오히려 칭찬을 하는 사람들이 더 많았다. 나는 왜 어린이집 선생님의 이미지를 한정되게 만들어서 그 안에 갇혀 있었는지 많이 아쉬웠다. 잘못한 것이 없고 떳떳하다면 당당하게 표현하면 되는데 항상 남들의 시선은 어떤지 한 걸음 앞서가서 생각하려 했다. 틀린 생각을 하더라도 그것이 틀린 지 모르고 정해놓은 이미지에 갇혀서 나부터 색안경을 끼고 나를 보고 있었다.

이제는 감추지 않고 드러내려 한다. 오히려 나에 대해 당당하게 표현하고 나면 긴가민가했던 것에도 확신이 생기게 된다. 내가 창피해하며 말하는 것을 꺼리면 듣는 사람도 별로라고 생각한다. 하지만 당당하게 말하고 잘해낼 것이라는 의지를 보여주면 상대방도 저절로 수긍한다. 문제는 감추고 숨기려 하는 나에게 있다. 나에 대해 선입견도 없고 편견도 사람들에게 선입견을 만들어주기 싫다면 당당하게 말하고 절대 나를 부끄러워하지 말아라. 내가 좋은 기운을 내면 주변에 비슷한 기운의 사람이 다가온다. 당당하고 자신 있고 긍정적인 기운을 내는 것이야말로 내가 강해지는 비결이다. 나를 힘들게 한 것은 나였다는 걸 다시 한 번 느끼게 되었다. 스스로 부끄럽고 감추고 싶은 것이 있다면 그것을 긍정적인 면으로 바꾸기 위해서 지금부터 생각을 바꿔보자. '나는 어떤 점이 콤플렉스지만 극복하기 위해 이런 노력도 하고 있는 중이다.'라고 말할 수 있다면 반은 성공한 셈이다. 단점이 장점이 되어야만 하는 것은 아니다. '나는 좋은 사람이 되기 위해 노력하고 있다.'라는 사실이 중요한 것이다.

콤플렉스는 내가 나에게 느끼는 문제점이야

그걸 공개함으로써 자유로워질 수도 있지만

공개하기 싫다면 굳이 스트레스받아가면서

공개할 필요는 없어

모든 것은 자유의지이고

너의 판단에 옳고 그름을 정할 순 없어

나를 조금씩 더 사랑하라

"모든 존재는 사람들이 그것에 대해 평가하는 말이 아닌,
그 자체로서 존재한다."
– 영화 〈버드맨(Birdman)〉, 2014

나를 위해 할 수 있는 일을 찾아라

'나를 사랑하라'는 말은 자존감 관련 책이나 영상에서 꼭 나오는 말이다. 하지만 그 방법을 알고 있다면 자존감이 내려갈 일도 없고 이렇게 나의 책을 보고 있지도 않을 것이다. 좋은 말만 하고 좋은 생각만 하고 좋은 얘기만 듣고 좋은 사람만 만나면 자존감이 강해질까? 지금 말한 것들은 통제할 수 있는 범위 내에서 일어나는 일들이다. 만약에 멘탈을 잘 지키고 있다가도 외부에서 갑작스러운 공격(상처)을 받게 되면 어떻게 할 것인가? 부서진 멘탈을 붙잡고 나의 멘탈은 유리멘탈이었다며 자책을 하고 더 깊은 나락으로 떨어질지도 모른다. 나를 사랑할 수 있는 구체적인 방

법에 대해 이야기해보자.

첫째, 주위에서 나에 대해 평가하는 말들을 재해석하라. 나는 유난히 말과 행동이 느려서 별명이 '밥통'이었다. 뜸을 들이기 때문이다. 실제로 소리 내어 말해보면 알겠지만 아무리 친한 사람들이 불러주더라도 어감이 그리 좋은 별명은 아니다. 보통은 머리가 안 좋은 사람에게 놀릴 때 쓰는 말이기 때문이다. 그런 별명으로 불릴 때 친구와 싸우거나 의기소침해지는데 나는 아무 반응을 하지 않았다. 반응하지 않으면 재미없어서 금방 멈추기 때문이다. 물론 그때는 자존감의 의미조차 몰랐기 때문에 알고 행동한 것은 아니지만 큰 도움이 된 것은 확실하다.

일단 밥통으로 불리게 되어서 내가 말과 행동이 느리다는 것을 처음 알게 되었다. 그 후에는 말할 때 답답하진 않을까 해서 의식적으로 조금 더 빨리 말하려고 노력하였다. 여전히 느렸지만 그래도 많이 좋아졌다. 그리고 말을 빠르게 하기 위해서 말할 내용을 머릿속으로 정리한 후에 말을 하였다. 그렇게 속으로 한 번 생각한 뒤에 말을 하는 버릇이 생기고 나서, 상대방에게 안 좋거나 나에게 안 좋을 것 같은 발언은 제외하고 말하게 되었다. 그리고 밥통이라 불리는 이유에 대해 단점 말고 장점을 찾아보았다. 내가 찾아낸 장점은 말과 행동을 할 때 조금은 느리지만 충동적이지 않고 신중한 것이었다.

나의 자존감 연대기

밥통이라는 별명을 들을 때마다 '나는 느리고 굼뜬 아이'라는 생각만 했다면 아마 사람들 앞에서 말하는 것 자체를 피했을지도 모른다. 한정된 이미지 안에 나를 가두고 살았겠지만 내가 택했던 건 '충동적이지 않고 신중한 아이'라는 이미지였다. 그때는 아무 이유 없이 멋모르고 더 좋은 쪽을 택했다. 장점과 단점을 나열하고 바라보았는데 단점을 선택하기가 싫었다. 장점에 나열된 단어들로 나를 설득했던 것 같다. 하지만 나의 이미지를 그렇게 세팅하고 나니 더 이상 밥통이 밥통으로 들리지 않았다. 자기들에게 없는 것이 나에게만 있어서 단순히 신기해서 놀리는 것이라고 생각하고 넘겼다.

둘째, 나에게 선물을 줄 때 의미를 만들자. 선물은 가격이 상관없고 꼭 구매하는 것이 아니어도 된다. 셀프 선물을 할 때 본인이 정말 좋아하거나 갖고 싶은 것을 미리 정해두고 하나씩 사주는 것도 방법이다. 하지만 너무 고가의 선물은 지양한다. 나는 블로그에도 글을 올렸지만 칭찬 스티커를 이용한다. 착한 일 하나 하고 선물 하나 사고, 이렇게 되는 경우에는 선물을 위한 행동을 하게 되기 때문이다. 매일매일의 할 일을 한 달 동안 완수하거나 목표했던 만큼의 책을 읽었을 경우 선물을 한다. 나는 예쁜 잠옷을 좋아해서, 한 달 동안 1일 1리터 이상 물 마시기에 80% 이상 성공했을 때 예쁜 잠옷을 샀다. 기분을 새롭게 하기 위하여 선물포장을 해놓은 뒤 다음 날 뜯어보았다. 포장지를 뜯으니 정말 선물을 받은 기분이어서 매우 좋았다.

중요한 것은 선물을 사서 줄 때 그 의미를 만드는 것이다. 단지 잘했으니 나에게 주는 보상에서 끝난다면 다음 도전을 이어갈 동기부여가 약해진다. 그래서 선물을 받으면서 3가지 정도를 나에게 주문하는 것 같다. 바로 칭찬, 격려, 부탁이다. 일단 약속을 잘 지켜준 나를 아주 충분히 칭찬해준다. 그리고 포기하지 않고 끝까지 해낸 것을 격려해준다. 마지막으로 앞으로의 도전에서도 지금처럼만 해보자고 부탁한다. 이것들을 말로 한다면 정말 많이 민망하기 때문에 속으로 얘기한다. 육체적인 내가 아닌, 마음속 나에게 말해준다. 어떤 사람은 거울을 보며 거울 속의 나와 얘기하라고 하기도 하고, 나를 쓰다듬으며 사랑한다 말하라고 하기도 한다. 하지만 그런 방법은 나와는 맞지 않아서 나만의 담담한 방법을 찾아가고 있다. 시간을 따로 내지 않아도 평소에 생각만 나면 할 수 있는 편한 방법을 추구한다.

셋째, 100% '나' 위주의 여행을 가라. 당일치기여도 좋고 나들이여도 좋다. 핵심은 혼자 걸으며 생각할 시간을 갖는 것, 내가 하고 싶고 가고 싶은 여행을 가는 것이다. 나는 이 원고 작성이 끝나고 출판사에 투고를 한 뒤에 1박 2일 동안 나 홀로 국내 여행을 다녀올 계획이다. 아직 혼자 여행을 해본 적이 단 한 번도 없다. 겁도 많고 그동안 바쁘기도 했다. 이번에

나의 자존감 연대기

갈 100% 나 위주의 여행은 여행지부터 숙소, 식사, 루트 등 모든 것을 내가 결정해야 한다. 혼자서 처음부터 끝까지 모든 계획을 짜본 적이 없어서 걱정되지만 실수까지도 감수할 마음의 준비는 이미 충분히 되어 있다. 정말 시간이 없다면 하다못해 자신이 살고 있는 동네를 버스로 한 바퀴 돌아보는 것도 좋다. 새로운 것을 발견할 수도 있고 매번 보던 것이 새롭게 보일 수도 있다.

'혼자'를 즐기자

그리고 내가 가장 기대하면서도 걱정되는 것은 '혼자 있는 시간'이다. 집 앞이 아닌 낯선 곳에 갔을 때 옆에 아무도 없는 상황에서 나는 잘할 수 있을까 하고 상상해봤다. 하지만 곧 그 상상은 접기로 했다. 여행마저도 완벽하게 '잘' 수행하려 하는 것부터 그만두기로 했다. 여행은 출발에서 도착까지의 모든 여정이다. 곧 결과가 아닌 과정을 몸으로 느끼는 날들의 연속이다. 그 여정 동안에 생긴 크고 작은 사건들을 마음에 담아오고 싶다. 중요한 것을 잊지 말자. 그것은 바로 내가 움직였다는 것이다. 이동하는 창밖 너머의 꽃을 보고 잘 안 보던 하늘을 보고 날씨에 관심을 갖게 되고 사람들 말에 귀 기울여야 한다. 때때로 우리는 순수한 아이처럼 작고 사소한 것에도 감탄할 줄 알아야 한다.

아이들은 소풍을 가면 버스 안에서 친구들과 과자를 나눠먹으며 웃고, 터널을 지나가도 신기해하며 좋아한다. 하지만 우리는 목적지에 도착하면 대표적인 곳에 가서 무조건 사진을 찍어 남기고 기념품을 사고 맛집을 가봐야 한다. 그리고 인스타그램에 올린다. 둘의 다른 점은 무엇일까? 아이는 정답이 없고 어른은 정답이 있는 행위를 한다. 우리는 지금까지 정답을 따라가야만 했다. 모처럼 진짜 휴식을 가지려고 하는데 그곳에서도 나의 주관 없이 정해진 길만을 따라갈 것인가? 자신을 정말 사랑하고 싶다면 정답을 따라가야 하는 스트레스를 주지 말자.

낯선 곳에 혼자 떨어져 있다면 저절로 나를 사랑하게 된다. 길도 사람도 모르는 것 투성이인 곳에서 긴장하며 나를 끊임없이 아끼고 보호하려 할 것이다. 맛있는 음식을 먹고 싶기에 맛집을 찾고, 길에서 잘 수 없기에 막차 시간을 미리 확인해서 따뜻한 숙소에 잘 도착할 수 있도록 알아볼 것이다. 여행을 다녀와서도 나를 보호하기 위해 노력했던 마음을 잊지 않고 끊임없이 나를 사랑할 수 있길 바란다.

한없이 나를 사랑하는 것도
한계가 있는 게 사실이야
나를 미워하는 감정을 속이면서까지
억지로 좋아한다고 포장하지는 마

분명 이유가 있을 거야
나에게 실망했거나
아니면 예전의 부정적인 생각들이
튀어나왔을 수도 있어

좋은 게 좋은 거라고 무조건 덮으려고 하지 말고
그렇게 느꼈던 사건을 펼쳐놓고 본질을 찾아보자
결국 발견하고 나면 별거 아닐 수도 있어,
그때는 또 대수롭지 않게 넘기는 거야

힘든 순간,
먼저 스스로 위로하라

"난 계속 살아날 거야. 내일이면 태양이 떠오를 거니까!
파도에 또 뭐가 실려올지 모르잖아."
– 영화 〈캐스트 어웨이(Cast Away)〉, 2000

스스로에게 힘이 없다면 도움을 청하라

조승연이라는 작가님을 좋아한다. 얼마 전에 알았는데 고향도 같은 원
주였다. 그분의 어릴 적 이야기를 방송에서 짤막하게 하신 적이 있는데
매우 인상 깊었다. 원주에서 초등학교를 졸업하고 중학생이 될 때쯤 부모
님이 교육을 위해 서울로 이사를 결정했다고 한다. 그런데 시골에서 온
전학생이 집안 사정도 좋지 않고 유행을 따라가지 못하여 심한 괴롭힘을
당해 우울증이 찾아왔고, 해외 연수를 가셔야 하는 어머니를 따라 미국으
로 도피했다고 했다. 미국에서 다녔던 학교에서도 속히 말하는 '주류'에
끼지 못했는데, 다문화 친구들이 속해 있는 비주류 모임에서 여러 문화권

의 친구들과 어울리면서 인생이 풀리기 시작했다고 한다. 그런 경험들이 경력이 되어 그는 루브르대학교에서 미술사학, 박물학을 전공하고 그때의 경험들로 수많은 저서를 쓰고 강연을 하고 있다.

만약 조승연 작가가 전학생 시절 괴롭힘을 당했을 때 그냥 참고 버텼다면 지금의 자리에 있을 수 있을까? 나는 절대 그럴 수 없다고 장담한다. 자기의 힘으로 상황을 바꿀 수 없을 때 어머니에게 도움을 요청했고 환경을 바꾸는 노력을 한 것이다. 조승연 작가야말로 자신의 시련에서 진주를 발견한 경우다. 나도 혼자서 상황을 바꿀 수 없을 것 같아 환경을 바꾸려 했던 적이 있다.

나는 몸이 매우 약하다. 기립성 저혈압, 저혈당이 있고 미주신경 실신 장애라고 해서 자율신경의 균형이 불안정하여 특별한 질병이 없어도 갑자기 실신을 하는 증상이 자주 나타난다. 출근길에도 자주 쓰러지고 병원에도 자주 갈 일이 생기기 때문에 월차를 내는 것도 한계가 있다. 그래서 회사에서도 한두 번은 괜찮지만 그 이후에는 눈치를 주기 때문에 나는 항상 직장 생활을 하며 이중으로 스트레스를 받았다. 병원 갈 일이 생길까봐, 회사에서 눈칫밥 먹을까 봐 걱정을 하며 지냈다.

여러 가지로 알아보던 중 재택근무를 하는 것이 나에게 여러모로 이로울 것 같아서 재택근무를 하기로 정했다. 그때 나의 SNS 계정을 이용하여 홍보하는 SNS 마케팅에 처음으로 관심을 가지게 되었다. SNS 마케팅을 검색하여 알아보던 중 사진 한 장을 보게 되었다. 모르는 분이 『잠재 고객을 사로잡는 인스타그램 마케팅』이라는 예쁜 핑크색 책을 들고 있었다. 제목에 끌려서 곧장 책을 구매해서 읽었고 더 가까이서 직접 배우고 싶어 작가분을 찾아가게 되었다. 그분이 바로 〈한국SNS마케팅협회〉의 마케팅 여왕 신상희 대표이다. 신상희 대표에게 나는 인스타그램 마케팅에 대해 질문하면서 돈을 벌고 싶다고 했다. 그러나 신 대표님은 여기서 재택근무를 해서 당장 얼마를 버는 것보다 나를 '브랜딩'하는 것이 더욱 중요한 것이라고 했다. 나를 브랜딩한다면 평생 현역으로 살게 될 것이라는 말이 마음에 들었다.

그래서 나를 브랜딩하기로 결심하고, 〈한국책쓰기1인창업코칭협회〉의 김태광 대표님이 주최하는 책 쓰기 1일 특강에 참석했다. 그곳에서 김태광 대표님은 평생 월급쟁이로 남이 주는 돈을 받고 살지, 나의 경험으로 책을 써서 오너가 될 것인지 선택할 기회를 주셨다. 1일 특강을 듣는 내내 마음속에는 이번이 어쩌면 인생의 마지막 기회가 될 수도 있겠다는 생각이 들었다. 시련에서 진주를 찾기 위해 책을 쓰기로 결정한 것이다. 안 그래도 소심한 내가 종종 자신감 없는 생각을 할 때면 김도사님(김태광 대표님의 별칭)이 정말 도사처럼 나타나 말로 응원도 해주시고 자신감도 주셔서 내가 지금 여기까지 올 수 있었다.

나의 자존감 연대기

2018년만 해도 나는 재택근무를 해서 돈을 벌 생각만 했지 책을 쓸 생각은 전혀 하지 못했다. 그러나 나는 평생 월급쟁이 생활을 할 자신이 없었고 나를 믿기로 하였기에 책 쓰기라는 새로운 환경에 과감히 뛰어들었다. 만약에 내가 몸이 약하지 않았다면, 그래서 회사 생활을 하는 데에 문제가 없었다면 재택근무할 생각도 안 했을 것이고 〈한책협〉과 〈한마협〉의 두 대표님들을 만날 기회도 없었을 것이다. 지금도 열심히 출근 도장을 찍으며 월급에 존속된 회사의 노예로 살고 있을 상상을 하니 암울해진다.

힘들수록 진주를 보는 눈이 생긴다

지금 생각해봐도 내가 너무 대견하다. 겁도 많고 걱정도 많아서 환경을 바꾸는 것이 쉽지 않은 결정인데 상황이 절박해서 그런지 큰 결심을 하게 된 것 같다. 나에게는 이 길밖에 없다고 생각하고 뛰어드니 어느새 여기까지 오게 됐다. 책을 쓰게 되면서 환경을 바꾸는 것은 나의 의식을 바꾸는 것이라는 걸 인지하게 되었다. 세상은 내가 생각한 대로 보이고 마음먹은 대로 보인다. 나는 용기가 작아질 때 상상을 한다. 나를 필요로 하는 사람들 앞에 서서 필요한 강연을 하며 선한 영향력을 끼치는 사람이 되는 상상을 말이다. 이제는 더 이상 시련이라는 진흙 속에서 퍼덕거리고 싶지 않다.

그렇다면 나는 어떻게 기회를 알아보고 선택할 수 있었을까? 아마도 나이에 비해 많은 경험을 해봤기 때문이 아닐까 한다. 나는 못생겨도 봤고 성형수술도 해봤고 살도 쪄봤고 빼기도 해봤다. 비굴하게 매달린 적도 있고 연애 사기도 당해봤으며 누구에겐 착한 사람, 누구에겐 나쁜 사람이기도 했다. 그래서 평범하게 사는 것이 제일 어렵다는 것도 알고, 나와 같은 마음의 사람을 찾기는 더더욱 힘들다는 것도 안다. 그렇게 점점 비판적인 눈으로 세상을 보고 더 이상 희망이 있을까 의심하던 때에 귀한 사람들을 만나게 된 것이다. 만약 그동안 내가 봐왔던 패턴의 사람이었다면 귀 기울여 듣지도 않았을 것이다. 그러나 세상을 바라보는 시각부터 의식까지 그동안 만난 사람들과 180도 다른 그들을 보자 오랜만에 설렘을 느꼈다. 김도사님과 신상희대표님은 나에게 진주가 되어주셨다.

사람들은 남들과 비슷해지고 싶어 하는 소망 때문에 나도 모르는 사이에 남이 바라는 내가 되어간다. 시련이 닥쳤을 때 더욱 힘든 이유는 남들에게는 오지 않은 것 같은데 나만 힘든 것 같기 때문이다. 그런 경우에도 멈추지 않고 안갯속을 걷듯이 계속 걷다 보면 벗어날 수 있지만 빨리 벗어날 수 있는 지름길은 없다. 그리고 조금 걷다가 출구가 아닌 것 같으면 다른 길로 간 줄 알고 되돌아 나와버린다. 계속해서 꾸준히 걸으면 언젠가는 시련 밖으로 나올 수 있기 때문에 자신에게 믿음을 갖고 걸음을 옮겨야 한다. 비록 지금 가장 힘들게 하는 시련도 우리가 살아가는 과정 중에 한 가지 사건에 불과하다. 시련 속에서 진주를 찾아야 하는 것은 나 자신이다. 중간에 그만두지 않고 앞으로 나아간다면 언젠가는 진주를 발견할 수 있다고 생각하라.

크게 힘든 일 없이 편안하고 무난하게 살아서 지금도 별 걱정 없이 하루를 보내고 있던 사람이 이 기회를 기회라고 느꼈을까? 절박함과 욕심이 없기에 한 귀로 듣고 한 귀로 흘렸을 것이다. 시련을 만난 적이 없으니 지금의 상태에 만족하며 살아갈 것이다. 그래서 때로는 나에게 닥쳤던 시련들에 고마울 때도 있다. 여러분도 지금 닥친 시련 때문에 많이 힘들다면 이제는 올라갈 일만 남았다며 스스로 위로해보길 바란다. 시련 속에서 진주를 발견할 일만 남았기 때문이다.

왜 나한테만 이런 일들이 일어나는지

하늘이 원망스럽고 땅이 원망스러워

역시나 또 이렇게 힘들어지는구나 하고 한탄하면

짜증만 더해지지

내가 잘 지내는 걸 시기하는 세상이

나에게 투척한 미션이라고 생각해 봐

번거롭지만 이겨내는 모습을 보여주고 싶어질 거야

이 정도로는 꺾이지 않는다는 것을 가뿐히 보여주자

삶의 모든 순간을
소중히 여겨라

"세상을 보고 무수한 장애물을 넘어 벽을 허물고 더 가까이 다가가
서로를 알아가고 느끼는 것. 그것이 바로 우리가 살아가는 인생의 목적이다."
– 영화 〈월터의 상상은 현실이 된다(The Secret Life of Walter Mitty)〉, 2013

좋은 기억에 시간이 쌓이면 추억이 되고,
나쁜 기억에 시간이 쌓이면 경험이 된다

반드시 남는 게 있는 경험만 소중한 것은 아니다. 나도 지난날 중에 아
무것도 하지 않은 순간을 아까워하고 후회했지만 이젠 그런 느낌마저 소
중하다. 자신의 삶이 실수투성이라고 자책하고 자기 비하하지 않길 바란
다. 우리에겐 실수도 소중하다. 매 순간 최선을 다해 온전히 사는 것은 중
요하나, 그 모든 순간이 성공이어야 하는 것은 아니다. 때로는 실수를 통
해 앞으로 닥칠 큰 충격을 예상하고 대비할 수 있다. 다들 살면서 인생의
슬럼프를 한 번씩은 겪었을 것이다. 조금이나마 남아 있던 기운이 발바닥

을 통과하여 땅속으로 빠져나간 것처럼 끝도 없는 무기력증에 눌릴 때가 있다. 그럴 때 "힘내, 기운 내, 어서 툭툭 털고 일어나."라는 말을 듣고 바로 극복할 수 있는가?

머릿속을 정리하고 다시 시작하는 힘을 얻으려면 재충전의 시간이 필요하다. 사람에 따라 충전 방식이 다른데 누구는 책을 보며 충전을 하기도 하고, 누구는 게임을 하기도 한다. 이때 게임을 한다고 해서 잘못된 것은 아니다. 겉으로 보이는 것을 신경 쓰느라 내면의 소리와는 다른 것을 하지 않도록 해야 한다. 이렇게 자기 나름의 충전을 하고 나면 슬럼프가 언제 왔었냐는 듯 그전보다 마음이 한결 가벼워진다. 다시 괜찮은 상태가 되면 슬럼프를 겪었던 시간과 쓸데없는 생각을 한 것이 후회된다. 그렇기에 그 순간을 메우기 위해 현재에 더 집중하게 되는 것이다. 우리는 후회를 할 때가 되어서야 비로소 그 순간이 소중했다는 것을 알게 된다. 그래서 삶의 모든 순간을 소중하게 여겨야 한다.

실패도 다 같은 실패가 아니다. 실패는 다음 실패를 성장시켜준다. 나는 예전에 영어 관련 시험 준비를 하느라 시험일을 기억하며 열심히 공부를 하고 있었다. 공부를 하던 중 시험일이 며칠 남지 않아서 관련 공고문을 확인하다가 그 자리에서 엄청난 좌절을 했다. 시험 몇 주 전 접수를 따로 해야 했던 것이다. 이미 시험을 볼 수 있는 자격이 없어져버렸다는 사실을 알고 충격을 받았다. 그러고 나서 자신을 원망하기 시작했다. 미리미리 확인하지 못한 자신이 바보 같고 무엇 하나 똑 부러지게 한 번에 하지 못하는 내가 한심했다. 약속을 생기는 대로 잡다 보니 하루에 몇 개가 겹쳐서 당일에 급하게 취소하고 사과하느라 진땀 뺀 적도 여러 번 있었다. 그 후에 생긴 작은 버릇이 있다. 영화를 보든 공부를 하든 친구를 만나든 어떠한 일정이 생겼을 때 무조건 달력에 표시하는 것이다. 절대 놓치는 일 없이 일정을 소화할 수 있었다.

나는 이를 성공에 가까워지는 실패라 자부한다. 비록 처음엔 연달아 실수를 하더라도 다음부터는 실수하지 않기 위해 조심하고 깊이 생각하게 된다. 그러면서 실수하는 확률을 점점 낮춰가는 것이다. 실수도 다 같은 실수가 아니라 모두 소중한 경험이 되어 나에게 차곡차곡 쌓인다. 실패 경험치를 쌓는 것을 두려워하지 말자. 나에게 피가 되고 살이 되는 소중한 순간이다. 사람들은 지혜를 갖고 싶어 하면서 실수를 하기 싫어한다. 이는 모순된 생각이다. 많은 경험에서 오는 많은 실패와 실수가 모여 지혜를 만들기 때문이다. 매 순간 부딪혀서 몸으로 깨달아야 하는 것을 두려워한다면 지혜를 체득할 수 없다. 부모님이 우리에게 학창 시절에 해주셨던 말씀이 그때는 잔소리로 들렸지만 지금 생각해보면 지혜를 미리 알려주셨던 경우가 많다.

이제는 나의 소중한 모든 순간들을 사랑한다. 친구를 잘 사귀지 못하고 구석에서 웅크리고 있어봤기에 소극적인 사람을 만나면 먼저 다가갈 줄을 안다. 이유 없이 무시당하고 외면당해 봤기에 나도 모르게 누군가를 무시하고 있지 않은지 되돌아보게 된다. 예전에는 그런 순간들을 내 기억에서 지워버리고 싶었다. 심지어 가장 힘들었던 몇 년은 생각조차 안 하려고 해서 그런지 지금도 잘 기억이 나지 않는다. 그만큼 지워버리고 싶었던 순간임에도 내가 좋은 사람이 될 수 있도록 도와준다.

내 마음대로 되지 않음이 당연하다고 생각하라

작년에 나는 회사 일을 미친 듯이 했다. 놀면서 쉬면 돈만 쓰게 돼서 웬만하면 쉬지 않고 일하려 했다. 돈을 많이 벌고 많이 모으고 싶었다. 이렇게 체력과 정신력이 점점 약해져갈 때쯤 사고가 났다. 회사 계단을 내려가다가 다리에 힘이 풀려서 발목이 안쪽으로 90도가 꺾이게 됐다. 그래서 발목 인대가 늘어났는데 다음 날부터 3개월 동안 회사를 못 가는 건 당연했고 집에서 기어다녀야 했다. 다쳐서 집에서 강제 휴식을 취하게 되면서 처음 1개월은 너무나 좋았다. 그렇게 가기 싫던 회사도 안 가고 매일 늦잠 자고 먹고 싶은 것 먹고 내 세상이었다. 하지만 시간이 한두 달 지나가면서 마음이 조금씩 불안해졌다. 무엇보다 노는 것도 한 달이 넘으니까 지겨워졌다.

회사를 다닐 때는 그렇게 휴식을 바랐는데, 막상 몇 달을 놀아보니 더이상 달콤한 휴식이 아니었다. 그동안 열심히 일한 보상으로 주어진 휴식이었지만 지속적으로 휴식만 취하니 지루해졌다. 생각해보면 일을 하기 싫은 만큼 휴식을 취하고 싶어 하는 것 같다. 일과 휴식은 서로 더 빛나 보일 수 있도록 완벽히 대립되는 성질을 가지고 있다. 쉬다 보면 일하고 싶고 일하다 보면 쉬고 싶은 것은 어쩌면 당연한 것일지도 모른다. 일을 하든 휴식을 하든 모든 순간은 소중하기에 우리는 매 순간 최선을 다해야 한다.

조금은 비싼 수업료를 지불하고 인생을 배운 경험도 있다. 스무 살 때 학교에 다니며 아르바이트하면서 친해진 언니가 있었다. 내가 집에서 가족들과 서먹했던 시기에 옆에서 좋은 말도 많이 해주고 따뜻하게 대해주어서 너무 고마웠다. 힘들었을 때라 더욱 의지했던 사람이었다. 그렇게 2년 정도를 아무 문제없이 잘 지내다가 언니가 갑자기 돈이 급하게 필요하다고 했다. 돈을 빌려주면 바로 다음 날 다시 줄 수 있다는 말에 아무런 의심도 하지 않고 당연히 도와야겠다고 생각했다. 그때는 나도 돈이 없던 상태라 직접 대출까지 해서 빌려주었고 언니는 빠른 시일 내에 갚겠다고 하더니 연락이 끊겨버렸다. 그렇게 20대 초반에 어이없게 몇백이라는 큰 빚이 생긴 것이다.

그 후 몇 년간은 언니가 돈을 갚을 상황이 못돼서 미안해서 잠수를 탄 것이라고 생각했다. 그러나 시간이 점점 지나면서 충분히 갚을 수 있는 시간이 지났는데도 연락이 없는 것을 보며 내가 이용당했다는 결론에 이르게 됐다. 알고 지낸 2년이라는 시간 동안 나를 이용하려는 생각을 하진 않았을 것이다. 그러나 나라는 사람을 알고 보니 너무 허점이 많아서 그런 마음이 나중에 생겼을 수는 있겠다 싶다. 내가 얼마나 물러 보였으면 사기를 쳤을까. 다 퍼줄 것처럼 행동하고 경계를 하지 않았던 탓인가 하고 스스로를 탓했다. 그리고 그 다음부터는 금전적인 거래는 일절 하지 않고 나에게 이유 없이 잘해주는 사람을 의심하게 되었다.

원래 사람을 잘 믿고 의심하는 성격이 아니라서 그때 사기를 당하지 않았더라면 나중에라도 크게 당했을 것이다. 그래서 사기당했던 경험마저도 큰 인생 공부가 되었기에 지금은 많이 개의치 않는다. 내 인생을 멀리 두고 바라보니 죽을 만큼 힘들었던 적은 없었다. 내가 감당할 만큼의 시련이 닥쳐왔고 어찌어찌하여 헤쳐나갔다. 그리고 당시에는 많이 힘들어했지만 지금의 나를 만드는 데 밑거름이 된 사건들이 되었다. 그래서 앞으로 내가 경험하게 될 모든 순간이 기대된다. 실패와 성공을 가리지 않고 환영한다. 어떤 상황이 와도 시간은 흐르고 언젠가는 치유될 것이다. 그것을 믿는다. 내 삶의 모든 순간은 소중하다.

새로울 것 없이 반복되는 일상이 지겹니?

무료함에서 벗어나고 싶다면
하루 동안의 모든 일정을 노트에 적어 봐
기상 시간, 점심 메뉴, 오늘 입은 옷, 연락 온 메시지까지
제3자의 시각에서 바라보고
나에 대해 생각하게 돼

그럼 행동 하나하나로 나를 공부할 수 있어
틈만 나면 자신을 알아가는 거야

지나간 과거를
곱씹어 후회하지 마라

"여기까지라는 말은 없어. 지금부터야!"
– 영화 〈코리아〉, 2012

가장 중요한 것은 선입견을 깨는 것이다

지금까지 쌓아온 업적이 뿌리가 돼서 미래에 꼭 나타날까? 그것은 업적의 성질에 따라 다를 것이다. 모든 사건을 이분법으로 정의할 수 없듯이 말이다. '과거는 미래다.'라고 말할 수도 있는 반면 '과거는 미래가 아니다.'라고 할 수도 있다. 혹시 과거를 예쁘고 정성스럽게 쌓아놓지 못했다고 해서 현재와 미래를 포기하고 살고 있다면 그야말로 과거가 미래가 될 수밖에 없다. 하지만 지금부터 잘해보려고 한다면, 분명 조금이라도 과거와 현재가 달라질 것이고 그로 인해 미래도 달라질 것이다. 평생 실패했던 사람이 마지막에 성공하는 이유다.

평생 실패했던 사람은 바로 에디슨이다. 그는 오래가는 백열전구를 만들기 위해 7,600여 가지의 재료로 만 번이 넘는 실패를 거듭하다가 마침내 오래가는 전구를 발명하는 데 성공했다. 수많은 실패를 어떻게 견뎠느냐는 기자들의 질문에 에디슨은 이렇게 답했다.

"나는 절대 실망하지 않는다. 그 어떤 실패라도 앞으로 나아가기 위한 새로운 한 걸음이기 때문이다."

나는 실패한다는 것은 나의 능력이 부족한 것이라고 생각했다. 그러나 에디슨은 정반대의 관점에서 앞으로 나아가기 위한 한 걸음이라고 말했다. 과거에 했던 수많은 실패 때문에 나의 능력을 작게 볼 것이 아니라 오히려 성공과 점점 가까워지고 있다고 생각하게 됐다. 과거의 아프고 힘든 기억보다 중요한 것은 미래다. 과거에 매여 멈춰 있는 것이 아니라 오히려 제대로 기억하여 더 활용해야 한다. 실패를 경험한 사람만이 실패를 떠나보내기 위해 도전하고 성공한다. 그저 실패했던 기억들을 지우기 위해 외면하고 멀리하려 한다면 똑같은 이유로 발전 없는 실패를 하게 될 것이다.

누구나 과거에 아픔과 슬픔이 있다. 나는 그것들로 인해 자신감과 자존감이 낮았다. 항상 과거의 잊고 싶은 기억 속에서 살고 있었다. 지금은 그 기억 속에서 허우적대지 않고, 힘들었던 만큼 극복하기 위해 노력하고 있다. 아프지 않고 힘들지 않았던 사람은 지금의 상태에 만족하기 때문에 무언가를 위해 노력할 필요를 못 느낀다. 하지만 수많은 좌절을 했던 사람은 반드시 극복하기 위해 의지를 불태운다. 결국 과거에 힘들었던 사람이 행복을 위해 도전을 하게 되고 성공을 한다. 이런 사람들의 과거는 더더욱 미래와 별개가 될 수 있다.

10대 때의 나는 모두 나를 싫어할 것이며 앞으로도 평생 존재감 없이 살 것 같다는 생각을 했다. 실제로 이런 생각을 하며 살 때는 나를 보는 사람들의 눈빛과 행동이 모두 부정적으로 보였다. '내가 이상해서 보는 건가? 너무 못생겨서 비웃는 건가?'라는 생각에 사로잡혀서 항상 인상을 쓰거나 고개를 푹 숙이고 다녔다. 이렇게 부정적으로 살았으니 일이 잘 풀릴 리가 없었다. 그때는 나의 생각이 잘못되었다는 것을 자각하지 못했을 때이기에 이대로 평생 살아야 한다고 생각했고, 그래서 미래가 전혀 기대되지 않았다. 그저 하루하루를 숨 쉬며 살아가기만 했다.

그런 나에게도 어느 순간 나에 대한 선입견을 깨버리고 싶은 순간이 왔다. 한참 옛날에 나왔던 일본 TV 예능 프로그램을 보게 되었다. 길거리에 지나가는 사람들 중에서 화장을 엄청 진하게 하고 다니는 여자를 골라 어울리는 메이크업을 새로 해주는 프로그램이었다. 진한 화장을 지우고 대신 최소한의 간단한 화장을 했는데 완전 딴사람이 되었다. 옆에 있던 남자친구는 지금 얼굴이 훨씬 예쁘다며 좋아했고, 본인의 얼굴이 콤플렉스여서 가리고 다녔던 여자친구는 앞으로도 이렇게 옅은 화장을 하겠다고 했다. 맘에 안 들었던 자신을 덮으려고 했던 진한 화장을 지우니 청순하고 귀여운 얼굴이 나오는 과정을 보면서 나의 두껍고 진한 화장 같은 선입견을 지우고 싶었는지도 모른다.

두려운 감정을 기대로 바꿔라

지금까지는 사람을 만나도 항상 우울모드였는데, 이제부터는 내가 만나고 싶은 사람으로 나를 바꾸기로 했다. 과거의 안 좋은 모습은 과거에서 끝내기로 한 것이다. 옷장에는 검은색, 회색 등 어두운 색의 옷만 있었는데 흰색, 연핑크색 같은 화사한 색의 옷도 입기 시작했다. 사람과 대화할 때도 푸념만 하기보다는 좋은 얘기 위주로 대화를 이어나갔다. 내가 이런 작은 변화를 시도했다는 것을 주변 사람들이 눈치챘는지는 모르겠다.

하지만 이런 노력만으로도 성격이 점점 밝아지고 있다는 것을 확실히 느낄 수 있었다. 내 입으로는 좋지 않은 얘기를 거의 하지 않으려고 했다. 스스로 이미지 변신을 하려다 보니 적당한 관리도 하고 싶었다. 그래서 무리하지 않는 선에서 체중 조절도 했다.

무엇을 위해 해야 하는지 목적을 찾기보다는, '과거의 나'보다 조금 더 나은 내가 되는 것에 초점을 맞추었다. 그리고 만족의 기준도 '과거의 나'로 세웠다. 그랬더니 정말 신기하게도 기준이 낮아져서 그런지 만족이라는 것을 느끼기도 하고 더 노력하고 싶은 욕심이 생기기도 했다. 진정으로 내 과거를 미워했던 만큼 바꾸고 싶어서 노력했다. 완전히 딴사람이 되자는 목적은 아니었지만 지금처럼 똑같이 살기는 싫었다. 어두운 생각을 거둬내자 암막 커튼을 들춘 것처럼 머릿속이 환해졌다. 그리고 다시는 어둠 속으로 들어가고 싶지 않았다. 밝은 곳으로 나와 보니 내가 지금까지 블랙홀 속에 있었다는 게 보였다.

과거는 멈춰 있고 현재는 진행 중이며 미래는 다가온다. 우리가 생각하는 미래쯤에 다다랐을 때 미래는 현재의 모습으로 보일 것이다. 즉 현재를 잘 사는 것만이 미래를 바꿀 수 있다는 것이다. 미래를 12월이라고 쉽게 생각해본다면, 12월은 반드시 다가오고 12월이 되었을 때 잘 사는 방법은 지금부터 연습한 대로 만족하며 잘 살아가는 것이다. 다시 습관처럼 과거의 나로 되돌아가려고 할 것이다. 그럴 때마다 12월에도 혼자 우울한 나를 상상해보자. 다시는 돌아가고 싶지 않은 과거를 보약 삼아 약발이 떨어졌을 때마다 꺼내어 상기시키자.

Carpe diem.

카르페 디엠. 라틴어로 '현재를 즐겨라, 눈앞의 기회를 놓치지 말라.'는 뜻이다. 단순히 쾌락주의적인 뜻이 아니라 현재의 상황에 굴복하지 말고 즐기며 살라는 말이다. 너무 가벼운 것도 좋지 않지만 때로는 너무 심각한 것도 삶에 큰 도움이 되지 않는다. 과거와 미래는 지금 바꿀 수 없으므로 나 역시 현재를 즐길 줄 아는 사람이 되었으면 한다. 과거에 대한 후회, 미래에 대한 막연한 두려움으로 현재를 그냥 흘려보내는 것을 멈추자. 과거를 만든 것도 현재를 살아갈 사람도 미래를 살아갈 사람도 나다. 드라마에서 주인공이 매일 울기만 하다가 끝낼 수는 없지 않은가. 울고 웃고 싸우고 사랑하며 치열하게 살자.

잊고 싶을수록 머릿속을 맴도는 기억 때문에
밤잠을 설친 적 많지?
현재를 살아가야 미래를 준비할 수 있다고 하는데
왜 나는 과거를 떠나보내지 못할까

쉽게 떠나보내지 못하는 만큼
과거는 너에게 무거운 짐인 거야
무거운 과거는 그 자리에 그대로 두고
나를 조금씩 현재로 움직여야 해

힘든 만큼 과거를 서서히 잊어갈 즈음이면
누구보다 가볍게 날아갈 거야

스스로 너그럽고
관대하게 대하라

"삶이란 그런 거죠. 무엇인가 끊임없이 흘려보내는 것."
– 영화 〈라이프 오브 파이(Life of Pi)〉, 2012

인생 자체를 완벽하게 계획할 순 없다

느슨하게 풀어지지 않고 체계적으로 살기 위해 처음 했던 것은 계획 세우기였다. 실패하지 않기 위해 최대한 구체적으로 요일별, 주간별, 월별로 계획을 세워놓고 흡족해했다. 원래는 회사를 다니며 야근도 종종 하고 약속도 가끔 있는 평범한 직장인 스케줄이었다. 게다가 환골탈태해보겠다며 도서관 가기, 산책, 손뜨개 등 무리한 일정을 집어넣기 시작했다. 활동 자체만 보면 다 좋은 것이다. 그러나 때로는 퇴근하고 심신이 지쳐서 아무것도 안 하고 싶을 때도 있고 시간이 안 돼서 못하는 날도 생겼다. 하루 이틀 계획에서 어긋나다 보니 계획표는 관상용일 뿐 나중에는 지키지 못한 날이 더 많아졌다. 그리고 못 지킨 것에 대해 역시 난 끈기가 부족하다며 질책하기도 했다.

내가 작성한 것은 계획표가 아니라 희망사항이었다. 하고 싶은 것을 해야 할 것으로 착각하여 무리해서 만들고 나를 혹사시켰다. 지킬 수 없는 것이 당연했다. 잘하고 싶은 마음에 휴식 기간도 없이 빼곡하게 채웠기 때문이다. 나에 대한 기대를 낮추고 계획과 계획 사이에는 충분한 간격도 둬야 한다는 것을 배웠다. 그리고 계획은 수행과 수정을 통해 계속 바꾸어가야 한다. 나의 상태에 맞게 조절해야 지속될 수 있다. 시험 기간에 아무리 급하더라도 공부 범위를 하루에 책 한 권으로 정할 수 없듯이 말이다. 또다시 나를 몰아세우고 있는 것 같은 느낌이 들어서 다시 마음을 너그럽게 다잡기로 했다.

사람들은 대부분 자신을 좋아하기 때문에 스스로 완벽하기를 바란다. 하지만 기대만큼 해내지 못했을 때 견디지 못하고 자신에게 파괴적인 사람이 되어버린다. 나 말고도 나를 질타하고 지적할 사람은 많은데 굳이 나까지 나서서 자책하지 말자. 나만큼은 실수했어도 '괜찮아, 뭐 어때.' 같은 말들로 토닥여줘야 한다. 다른 사람들에게 받은 생채기만으로도 충분한데 나까지 내 편이 되지 못한다면 너무 슬프지 않은가. 꼭 사람들 사이에 좋은 일만 일어나는 것이 정상적인 삶은 아니다.

나의 자존감 연대기

"저는 아직 취미가 없어요."

"제가 좋아하는 게 뭔지 못 찾았어요."

과거에 내가 자주 했던 말이고, 지금은 주변에서도 많이 듣는 말이다. 학교 다닐 때는 공부만 해야 하는 줄 알았고, 회사 다닐 때는 일만 해야 하는 줄 알아서 이제 뭔가를 하려 해도 뭘 해야 할지 모른다는 사람이 많다. 그리고 할 줄 아는 것이 없다는 생각에 초조해하고 불안해한다. 미칠 정도로 빠져 있는 자기만의 취미가 다들 하나씩은 있다고 하는데, 왜 나는 그 정도로 좋아하는 것도 하고 싶은 것도 없는 걸까? 그 이유는 일이나 숙제처럼 받아들이고 있어서다. 좋아하는 것을 꼭 찾아내야 하고 조금은 근사했으면 좋겠고 남들이 하는 것은 싫기 때문이다. 그럴 때는 찾으려고 하지 말고 '매번 새로운 경험을 해보는 것'을 취미로 삼자. 무엇을 할지 찾는 순간부터 기대감이 차오를 것이다.

내가 좋아서 하는 것조차 모르겠다는 이유로 나를 다그치지 말고 관대하게 생각하라. 계획이 없다는 것은 아직 계획을 정하지 않았다는 뜻이다. 계획을 세우는 데 너무 엄격한 기준을 만든 것은 아닌가 생각해봐야 한다. 계획은 수시로 바뀌어도 좋고 많아도 좋다. 모든 것은 내가 정하는 것이고 내가 할 일이다. 남들이 어떻게 생각할지부터 고민하지 말고 제발 편하고 여유로운 상태에서 생각하자. 유연한 마음에서 여러 가지 생각을 하다 보면 무의식 속에 원하던 것을 찾거나 해결책을 얻을 수 있다.

내 가슴속에 내가 쉴 곳을 만들어라

나는 지나가는 말조차 몇 날 며칠을 담아두곤 했다. 어린이집 선생님을 하던 때에 나는 우리 반 아이들을 매우 아끼고 사랑해주었다. 수업을 따라오지 않거나 말을 듣지 않는 아이가 있어도 절대 꾸짖지 않고 오히려 아무 말 없이 따뜻하게 안아주었다. 아이들이 집에 가서 김미희 선생님은 천사라고 했다며 학부모님들이 말씀해주곤 한다. 그러던 어느 날 한 학부모님이 심각하게 내게 말씀하셨다. 자기 아이가 어제 김미희 선생님이 자기를 꼬집었다는 말을 했다는 것이다. 나는 그 말을 듣고 즉시 아니라고 했으며 그 나이의 아이들은 자신이 상상하거나 꿈꾼 것을 사실처럼 말할 때도 있다며 절대 아니니 안심하시라고 말씀드렸다.

하지만 그 말을 들은 뒤에 한동안 이상한 기분 속에서 빠져나오질 못했다. 아이는 왜 내가 꼬집었다고 말을 하게 됐을까? TV에서 만화를 보다가 비슷한 장면을 보았던 걸까? 학부모님은 그 얘기를 듣고 얼마나 충격을 받았을까? 내가 그럴 사람이 아니라는 생각은 못 하셨을까? 나에 대한 신뢰가 떨어진 건가? 정말 며칠 동안 수백 가지의 생각을 하며 좌절을 했다. 부모는 대부분 자신의 아이가 거짓말을 할 리가 없다고 생각하기 때문에 내가 아니라고 해도 일단 아이를 믿을 가능성이 크기 때문이다. 맹세코 아이들에게 지금까지 언성 한 번 높인 적 없었는데, 그런 이미지로 전락한 건가 허탈했다.

그 일이 있고 일주일 후에 해당 학부모에게 전화가 왔다. 먼저 죄송하다고 하셨다. 어제도 아이는 아빠가 자기를 때렸다고 말했으며 인형을 갖고 놀 때 서로 때리며 폭력적으로 노는 모습을 보였단다. 그 아이에게 친오빠가 있는데 초등학교를 다녀와서 폭력성이 짙은 게임을 하는 것을 보더니 아이가 게임 속 캐릭터처럼 인형에게 발길질을 하며 따라 했다는 것이다. 그리고 어머님이 아이에게 내가 꼬집었던 이야기를 다시 해보니 기억을 못 했다고 했다. 그로 인해 누명을 벗게 돼서 참 다행이었지만 그 한주간의 스트레스는 말로 다 설명할 수 없다. 결국에는 이렇게 알아서 풀릴 것을 내가 해결할 수도 없는 일을 가지고 잠도 설쳐가며 스트레스를 받았을까 허무했다.

심지어 내가 한 일도 아니고 추측일 뿐인 일에 너무 신경을 쓰고 얽매여 있느라 다른 할 일도 못하고 정상적인 생활을 하지 못한 것이 매우 비생산적이었다. 내가 한 실수도 심각하게 생각하지 말고 넘어가자고 했으면서 타인이 흔들고 간 말 몇 마디에 토네이도처럼 스스로를 흔들고 있었다. 마하트마 간디가 했던 말 중에 "내가 옳다면 화낼 필요가 없고, 내가 틀렸다면 화낼 자격이 없다."라는 명언이 있다. 간디는 평소에도 복잡하게 생각하지 않고 문제가 되는 상황을 문제시하지 않고 지나가는 경향이 있었다고 한다. 그것은 단순함이 최고의 지혜라는 것을 나타낸다. 스스로 생각에 얽매이지 않기 위해 유연하고 관대하게 넘어가야 함을 몸소 보여주었다.

　수많은 테스트와 결과 중심적 사회에 시달리는 본인에게 더 이상 불필요한 일로 스트레스 주지 않아야 한다. 나만큼은 나를 봐주고 때로는 넘어가주기도 해야 한다. 마음도 쉴 곳이 필요하다. 쉬지 못하고 끊임없이 괴롭힌다면 그 사람의 자존감은 그 누구도 책임지지 못한다. 스스로 너그럽고 관대하게 대하지 않았기 때문에 마음이 설 자리를 잃고 무너져버린다. 그래서 무너진 마음을 다시 추스르려면 자기 용서가 필요하다. 내 마음에 상처 낸 나를 용서함으로써 다시 일어날 수 있는 힘을 얻을 수 있다.

머리로는 알겠는데
자꾸만 초조하고 불안하고
생각대로 안 될 때가 있어

마음이 가라앉지 않을 때는
몸에 충분한 휴식을 주는 건 어떨까?
아무 의도 없이 그냥 쉬게 해줘
스트레스가 줄어들면서
자연스럽게 여유로워질 거야

약점을 특징으로
전환시켜라

"네가 노력하는 모습이야말로 여러 사람의 인생을 바꿨다고 생각해.
넌 앞으로도 분명 그렇게 살아갈 거야.
설령 좌절할지라도 다양한 것에 도전할 거라 생각해.
나도 너와의 만남에 진심으로 감사하고 있어.
너와 만난 덕에 나의 세계도 크게 넓혀졌어."
– 영화 〈불량소녀, 너를 응원해!(Flying Colors)〉, 2015

숨기는 것 없이 당당하게 보여줘라

자신에게 창피한 부분이 있어서 반사적으로 가리거나 숨긴 적이 한 번씩은 있을 것이다. 나 또한 그런 적이 엄청 많다. 하지만 가린다고 모든게 가려지지 않고 숨긴다고 모르지 않았다. 오히려 그런 모습이 상대방에게 부자연스러워 보이고 신뢰를 잃기 쉽다. 그리고 숨긴다는 것 자체는 내가 나를 창피해하는 것이기에 떳떳해지기 위해 솔직해지기로 했다. 내가 애용했던 생각 성형 2가지를 이야기하려 한다. 첫째, 모르는 것을 창피해하지 말라는 것이고 둘째, 약점은 약점이 아니라는 것이다.

2019년 2월 초에 처음으로 일본 여행을 가게 되었다. 도쿄와 디즈니랜드 위주로 가고 싶었는데 개인적으로 가는 해외여행은 처음이라서 모르는 것도 많고 이것저것 궁금한 것도 많았다. 지인 중에 도쿄에 오랜 기간 살다 온 분이 계셔서 여쭤봤는데 "해외여행 처음이야?, 아직 일본 한 번도 안 가봤어?" 등의 질문을 하셨다. 만약 이 대목에서 괜한 자격지심에 '안 가볼 수도 있지 왜 그런 식으로 말하세요?'라고 욱해서 질렀다면 어땠을까? 상대방은 단순히 나를 파악하기 위해서 물어봤을 수도 있는데 성격 까칠하다고 생각하고 오히려 일본 여행에 대해 알려주기 싫어했을 것이다. 그리고 알려준다고 해도 그 후로는 나와 웬만하면 만나지 않으려고 할 것이다.

나는 이때 "싱가포르랑 인도네시아는 오래전에 가봤지만 일본은 처음이라서 모르는 것이 많아요. 도와주세요."라고 말했다. 다행히 그분은 설명해주시는 걸 매우 좋아하는 분이었고 오히려 내가 잘 들어주어서 고맙다며 그날 밥도 사주시고 여러 가지 팁도 주셨다. 만약 처음 하는 일본 여행인데도 무시당하기 싫어서 대충은 알고 있으니 조금만 알려달라고 했다면 상황은 안 좋아졌을 것이다. 제대로 된 정보를 받지 못해서 막히는 부분이 많을 것이고 망친 여행에 대해 어느 누구의 탓도 하지 못한 채 솔직하지 못한 것을 후회만 했을 것이다. 그래서 모르는 것을 모른다고 솔직하게 말하며 그것을 창피해하지 않아야 한다.

내가 생각하는 나의 약점이 있다. 앞니와 입이 약간 돌출되어 있는 것이다. 그래서 학창 시절 남자아이들에게 놀림을 많이 받았다. 가만히 있으면 입이 다물어지지 않고 살짝 벌어져서 사람들이 보고 멍한 사람으로 생각할까 봐 인위적으로 입에 힘을 줘서 다문다거나 입술을 깨물고 있었다. 그런데 더욱 표정이 부자연스럽다, 입모양이 이상하다는 말을 많이 들었다. 그래서 감추기 위해 손으로 입을 가리거나 머리카락을 길러서 얼굴을 가리고 다녔다. 또, 생각이 너무 많아서 멍 때리고 있다고 오해도 많이 받았다. 결정을 할 때는 다른 사람까지 배려하느라 결정이 조금 느린 편이었다.

예전 같으면 '내 입모양은 이상해, 난 맨날 멍 때리고 눈에 초점이 없어, 결정이 너무 느려서 사람들이 답답해하잖아.'라고 생각했을 것이고, 그렇게 생각하면 점점 더 내 모습이 싫어지고 사람들을 피하게 되고 부정적인 생각만 하게 된다. 그래서 이런 것들이 나의 약점이 아니라 나의 특징이라고 생각 성형을 하기로 한 것이다. 사람들의 겉모습과 속마음이 각자 다른 것처럼 나도 남들과 조금 다르게 생겼고 생각하는 것도 조금 다르다고 인지하기 시작했다. 이렇듯 모르는 것을 모른다고 말했을 때 더 열심히 알려고 하고, 약점을 특징으로 전환시켜서 생각했을 때, 전보다 자존감이 조금 회복되었다.

사람을 대할 때에도 '이 사람은 날 무시하지 않을까.'라는 생각으로 스스로를 항상 괴롭혔는데 이제는 그런 생각을 하지 않게 되었다. 나에 대해 숨기는 것 없이 솔직하게 보여줬으니 떳떳하고 당당해졌다. 혹시나 관계가 틀어져도 나 때문은 아닌가 자책하지 않게 되고, 상대방의 표정 하나, 말투 하나가 이상하다 싶어도 혹시 내가 뭐 잘못했는지 눈치를 안 보게 되었다. 자존감이 낮은 사람들은 상대방의 분위기에 따라 자책하고 눈치 보는 것이 일상화되어 있는데 그건 어마어마하게 스트레스받는 일이다. 상대방의 기분은 상대방이 책임져야 하고 나는 내 할 일을 하면 된다. 내가 말한 생각의 전환을 통해 생각 성형하는 것을 평상시에 연습하길 바란다.

상대방의 반응에만 너무 일희일비하지 않도록 하라

물어뜯은 손톱 때문에 주머니에서 손을 꺼내지 못하고 튀어나온 토끼 이빨을 보여주기 싫어서 사람들과 말도 못 한다면 사회생활 못하는 히키코모리(은둔형 외톨이)가 됐을 것이다. 하지만 나를 바깥세상으로 나오게 한 힘은 사람에 대한 그리움, 인정받고 싶은 욕심이었다. 내가 먼저 다가가지 않으면 새로운 관계가 만들어지지 않았기 때문에 나를 좋은 사람으로 세팅해서 어서 다가가고 싶었다. 그러기 위해서는 나라는 사람을 업그레이드해야 하는데, 해박한 지식을 채울 자신이 없어서 대신 인간미를 장착하기로 했다. 그중 하나가 바로 약점 앞에서 솔직하고 당당해지는 것이었다.

'~척'하는 사람을 정말 싫어한다. 그래서 나는 더욱 아는 척, 있는 척을 하지 않기로 하고, 나에 대해 최대한 담담하면서 솔직한 사람이 되기로 했다. 처음에는 굉장히 힘들었다. 무시당할 수도 있는 위험을 무릅쓰고 변화에 뛰어들었다. "죄송합니다. 제가 그 부분은 잘 몰라서요, 잘 모르는데 혹시 알려줄 수 있어?"라고 말했을 때 신기하게도 거의 대부분은 별다른 반응 없이 모른다고 한 부분을 알려주었다. 모른다는 것을 밝힌 뒤에는 그 부분을 알게 되니 더 이상 창피한 일이 아니었다. 막상 해보니 정말 아무것도 아닌 일들이 많았다. 그러면서 점점 솔직해지는 것에 자신감이 붙었다.

사람과의 관계를 개선하고 싶을 때 많은 사람들은 상대방에게 잘해주려고 한다. 하지만 그 방법은 나를 '을'의 입장에서 시작하게 만든다. 나는 동등한 관계를 지향하기 때문에 서로 솔직하고 겸손한 자세가 중요하다고 생각한다. 한쪽이 먼저 가식 없이 솔직하게 대하면 다른 한쪽도 당연히 그에 맞는 행동을 취할 것이다. 나의 약점을 드러냈을 때 상대방이 날 무시하거나 대하는 태도가 달라졌다면 더 이상 그 사람은 상대하지 않아도 된다. 사람을 겉모습으로 판단하는 것만큼 어리석은 것이 없기 때문이다. 상대방의 반응에 일희일비하지 않도록 중심을 잘 잡아야 한다.

　나의 단점을 수면 위로 올려놓고 객관적으로 생각해본 적이 있는가? 팔은 안으로 굽기 때문에 쉽지 않을 수 있다. 그러나 그것이 치명적인 단점인지, 아주 소소한 단점인지를 판단하고 스스로 인정하는 과정은 굉장히 중요하다. 타인이 아닌 내가 나를 판단하고 받아들이는 것은 상처를 덜 받으면서 단점을 인정할 수 있는 기회이기 때문이다. 그런 과정을 반복하면서 자존감이 높아지고 상대방을 대할 때도 자신감이 넘치게 된다. 그러면 관계가 개선되는 것은 덤이다. 내가 계산적으로 나간다면 상대방도 계산적으로 다가오고, 솔직하고 겸손하게 대하면 상대방도 똑같이 솔직하고 겸손하게 대해준다. 그렇기에 사람과의 관계에서 상처를 받고 자존감이 낮아졌다면, 그 사람만의 잘못인지 그동안 나는 어떻게 대했는지 고민해볼 필요가 있다. 원인을 알고 나에게 맞는 위로를 해주는 것이야말로 훌륭한 처방이다.

너무 슬프게도

외로운 사람은 인간관계에서

무조건 약자가 될 수밖에 없어

버려지지 않기 위해 외면당하지 않기 위해

맞춰주려고 하기 때문이야

관계를 지속해야만 한다는 강박에서

멀어져야만 해

내가 큰 잘못을 저지르지 않았는데도

내 곁에 있어줄 거라는 믿음이 없는 상대는

과감히 포기할 줄도 알았으면 좋겠어

무엇보다 현재에 집중하기 ㅣ 구체적인 목표 정하기 ㅣ 타인과 나를 비교하지 않기 ㅣ 정중히 거절하는 연습하기 ㅣ 포기하고 싶을 때 한 번 더 하기 ㅣ 나에게 우선 결정권 주기 ㅣ 칭찬&감사 일기 쓰기

4장

나를 어른으로 만든
7가지 자존감 연습

무엇보다
현재에 집중하기

현재의 시점에 계속해서 머무르도록 하라

당장 해야 하는 일을 앞에 두고 여러 가지 생각 때문에 시간만 잡아먹은 경험은 누구나 있다. 시간을 지체하는 사이에 용기가 사라지거나 사기가 꺾인다. 나는 이미 지나간 일이나 아직 다가오지 않은 일을 생각하느라 많은 시간을 의미 없이 보냈다. 현실 도피할 목적으로 생각만 하면서 일부러 시간을 보내는 경우도 많았다. 하지만 그렇게 했을 때 얻는 것은 하나도 없었고 이미 보내버린 시간에 해야 할 것을 놓치고 나니 밀려드는 후회뿐이었다. 왜 하지 말아야지 하면서 문득 떠오르는 생각을 떨쳐버리지 못하고 묶이는 걸까?

혹시 이유를 알 수 없는 우울함에 사로잡히거나, 자꾸 딴생각을 한다면 과거나 미래의 걱정 속에 살고 있는 것이다. 너무 안 좋았던 과거의 기억이거나 매우 불확실하고 불완전한 미래에 대한 걱정 때문에 현재에 집중하지 못하게 된다. 현재로 돌아오려면 지금 내가 있는 곳과 하고 있는 것을 체크해야 한다. 우리 삼 남매가 다 같이 거실에 있을 때면 과거에 아버지가 항상 하셨던 잔소리와 쓴소리 등이 생각나서 그때의 안 좋은 기억 속에 항상 파묻힌다. 그래서 TV를 보거나 거실을 지나갈 때 아버지께 혼났던 기억이 문득 떠올라 기분이 안 좋아질 때가 있다. 그럴 때 '나는 지금 평화롭게 거실에서 아버지와 TV를 보는 중이다.'라고 현재 시점의 상태를 그대로 읽어준다. 그러면 과거의 기억에서 현재의 상태로 시점이 전환된다.

나의 뇌가 자꾸 다른 시점으로 이동할 때 그것을 현재로 끌어다 놓는 것, 그것을 의식적으로 반복해야 한다. 현재로 돌려놓는데도 왜 자꾸 과거와 미래로 가는 것일까? 나는 그 이유를 현재에 불만족하기 때문이라고 생각한다. 현재에 만족하면 다른 생각을 할 필요가 없기 때문이다. 지금 누구보다 당당하고 자신감 있게 살아간다면 과거는 떠오르지 않고 미래는 걱정되지 않는다. 하지만 처한 현실이 비참하고 불안하다면 어릴 때로 돌아가고 싶어 한다든지 내 미래는 어떨까 걱정이 되기 마련이다. 현재의 상태를 180도 바꾸는 것은 능력 밖의 일이다. 그 대신 노력으로 바

나의 자존감 연대기

꿔는 것이 한 가지 있다. 바로 현재에 감사하는 것이다. 현재의 불만족스러운 부분만을 생각한다면 끊임없이 과거와 미래를 들락날락 거리게 되지만, 현재에 감사하는 마음을 찾으면 현재에 집중할 수 있다.

현재에 감사하는 방법은 여러 가지가 있다. 그중 자기에게 맞고 가장 편한 것으로 택하면 된다. 내가 하는 방법으로 3가지 예시를 보여주자면, 아침에 잠에서 깨어나 일어나기 전 '오늘도 눈 뜨며 아침을 맞이할 수 있음에 감사 / 하늘이 맑음에 감사 / 마인드가 변화함에 감사'를 한다. 저녁에 누워서 잠자리에 들기 전 '오늘도 무사히 보낸 것 감사 / 퇴근길 예쁜 꽃을 본 것에 감사 / 열심히 수고해 준 나에게 감사' 등을 할 수 있다. 또 수첩이나 일기장에 몇 가지를 직접 적어보는 것도 좋다. 앞에서 적은 것은 예시일 뿐이고 무엇에 감사하는지는 자유이다. 거창할 필요도 없고 반복해도 된다. 바로 오늘의 감사할 일을 생각하다 보면 자연스레 현재에 집중하게 되고 현재에 만족감을 느끼게 된다.

과거는 이미 끝난 시점이기 때문에 바꿀 수 없어서 체념하고 지나갈 수 있는 부분이다. 하지만 미래에 대한 불확실성은 고민과 걱정을 해도 끝이 없기에 쉽게 떨쳐내기가 어렵다. 이 불확실한 부분을 확실하게 하려면 수치화하는 방법이 있다. 내가 퇴직할 때까지 돈을 많이 벌어놓을 수 있을지 불안하지만 한 달에 대략 얼마를 모을 수 있을지는 알 수 있다. 또 시험에서 좋은 성적을 낼 수 있을지 불안하지만 하루에 얼마만큼의 공부를 해야 하는지 기준은 잡을 수 있다. 그렇게 되면 구체적인 목표가 보이기 때문에 막연한 불안함에서 벗어날 수 있다. 목표는 구체적일수록 지키기 쉬워 불확실에서 오는 불안을 줄이고 현재에 집중할 수 있게 만든다.

현재에 집중하며 순간을 즐기자

몇 년 전부터 YOLO(욜로)라는 말이 유행하고 있다. 풀어쓰면 'You Only Live Once'라고 쓰고 인생은 한 번뿐이니 후회 없이 이 순간을 즐기며 살자는 뜻이다. 다시 말해 불확실한 미래 때문에 걱정만 하기보다는 현재의 진정한 행복을 누리라는 좋은 의미다. 하지만 이것을 잘못 해석한 일부 사람들은 '오늘만 산다'는 생각으로 저축하지 않고 번 돈을 모두 여가나 여행에 쓰기도 한다. 요즘은 더욱이 어른들이나 젊은이들이나 돈을 벌기 위해 출근을 하는 것이 삶의 대부분이다. 그렇다고 해서 몇 달 뒤, 몇 년 뒤에 바로 부자가 되는 것도 아니고 목돈이 쌓이지도 않는다. 이렇듯 미래에 대한 보장이 없는 환경에서 현재에 만족하기란 정말 쉽지 않다. 그런 의미로 YOLO는 지친 자신에 대한 충분한 보상과 위로를 원하는 요즘 시대를 반영한 말이다.

유명한 연구가 있다. 어린아이의 앞에 마시멜로를 두고 5분 동안 먹지 않고 기다리면 보상으로 2개를 준다고 한다. 그 결과 어른이 나가고 바로 먹는 아이들은 인내가 부족하여 성공하기 힘들다고 하고, 끝내 참고 견디는 아이들은 인내심이 좋아 공부를 잘하고 성공할 것이라는 내용이다. 그 연구로 유추한 결과를 요즘 사람들은 받아들일 수 있을까? 나를 포함한 요즘 젊은 사람들은 순간의 행복을 미룬다고 해서 나중에 보상이 주어지지 않는 현실을 보며 자랐다. 그러므로 회의적으로 살아갈 수밖에 없는 것이다. 나는 불확실한 미래가 걱정되지만 어른들은 현재의 행복을 참아가며 노력하면 언젠가는 빛을 발할 거라고 말하기 때문에 이상과 현실의 괴리감이 커질 수밖에 없다.

우리는 유치원 때부터 고등학생 때까지 선행학습을 하고 어른들은 평생 일을 하기에 가족이나 친구들과의 추억도 없다. 그렇지만 경쟁 사회에서 조금이라도 뒤처지면 쓸모없는 인간으로 느껴지기 때문에, 언제가 될지 모르는 미래를 대비해 항상 달려오기만 했다. 현재의 나는 발에서 피가 나고 있는데 자꾸만 장밋빛 미래를 상상하며 참으라고 한다. 현재에 집중하기보다는 미래를 보며 마시멜로를 먹지 않기를 강요받는 환경에 세뇌된 것이다. 지금껏 살면서 가장 후회되는 것이 추억이 거의 없는 것이다. '그때 순간순간 현재에 집중하여 하고 싶은 걸 했다면 지금쯤 추억이 되는 일들이 굉장히 많이 쌓여 있을 텐데…' 하고 아쉬운 마음이 크다.

그렇기 때문에 지금 이 글을 보는 이들 모두에게 현재에 집중하며 순간을 즐기면 그것이 쌓여서 행복이 될 테니 충분히 즐기라고 말하고 싶다. 다른 사람의 뜻대로 움직이지 말고 내가 살고 싶은 현재를 살았으면 한다. 과거나 미래를 통해 끊임없이 담금질하는 나 자신을 발견한다면 다독여주며 현재로 데리고 오자. 요즘도 나는 예고 없이 심장이 빨리 뛰며 갑자기 불안해질 때가 있다. 그럴 때면 손바닥으로 심박수를 느끼며 스스로에게 얘기해준다. 불안한 것을 알지만 현재를 잘 살아가자고, 그러면 미래가 와도 버틸 만할 거라고 말이다. 바로 지금이 가장 중요하다.

집중이 안 된다고 느끼는 순간

이미 마음이 흐트러진 거야

그럴 때 집중하겠다고 애쓰기보다는

머리를 환기시켜 주는 게 좋아

억지로 붙잡는다고 되지 않는다는 거

이제는 너무도 잘 알잖아

바람을 쐬거나 음악을 듣거나 걷는 것도 좋으니

집중을 위해 스트레스에서 잠시 멀어졌다가

다시 뛰어들자

구체적인 목표
정하기

"우리가 출발한 곳은 선택할 수 없지만,
그곳에서 어딜 향해 갈지는 선택할 수 있단다."
– 영화 〈월플라워(The Perks of Being a Wallflower)〉, 2012

시각화만큼 좋은 방법은 없다

이제 우리는 무언가를 시작하고 시도하기로 마음먹었다. 그 후에는 목표 정하기를 통해서 계획을 짜야 할 것이다. 목표를 정할 때 어떻게 정하는가? 대부분의 사람들이 목표를 정할 때 이루고자 하는 것을 적는 것에서 그친다. 그리고는 그 목표가 이루어지지 않았을 때 더 이상 자세히 생각해보지 않고 목표를 바꾼다. 우리가 성공률을 높이기 위해서는 실행률이 높아야 하고 실행률이 높으려면 구체적이어야 한다. 나는 성격 탓인지 무엇을 하기에 앞서 세분화가 매우 습관화되어 있다. 필요에 의해서 이런 습관이 생기게 되었다. 바로 행동을 하기에 앞서 생각을 많이 하기 때문에 미리 생각을 해놓고 해야 할 것을 전날 매우 세세하게 적어놓는 편이다. 그러면 미리 생각했던 대로 실행하기만 하면 되어서 굉장히 편리하고 시간 단축이 용이하다.

계획을 하기에 앞서 목표를 잘 정해야 한다. 구체적으로 정하는 것도 연습이 필요하다. 쉬운 것부터 해보자. 가령 다이어트를 하겠다는 목표를 정했다면 구체적으로는 어떻게 바꿀 수 있을까? '한 달 동안 3kg 감량을 하기 위해 탄수화물을 줄이고 단백질을 늘린 식단을 지키며 하루 1시간 걷기 운동을 꾸준히 하겠다.' 정도로 바꿀 수 있겠다. 여기서 더욱 세부적인 것은 계획을 짜서 만들면 된다. 이렇게 목표를 구체적으로 정하면 막연하지 않아서 실행하기가 편하고 자연적으로 성공률도 높아지게 된다.

위에서 설정한 한 달짜리 단기 목표는 하루를 어떻게 보내야 하는지를 정하는 반면 장기 목표는 하루, 한 달, 일 년 순으로 목표를 세분화해야 성공할 수 있다. 예를 들어 '나는 5년 안에 소형 아파트를 사겠다.'라는 목표를 정했다면 본인이 한 달에 지출을 최소화했을 때 얼마를 모을 수 있는지 체크한 후 적금 통장에 1년에 얼마씩 모이는지 계산한다. 5년 후의 금액과 대출 가능한 금액을 더한 값으로 살 수 있는 아파트를 미리 정한다. 이렇게 해놓으면 '아파트를 사겠다.'라는 목표가 '한 달에 얼마씩 모으면 ○○아파트를 살 수 있다.'라는 구체적인 목표로 바뀌는 것이다.

그리고 원하는 목표를 가능하면 사진이나 비슷한 그림으로 인쇄하여 자주 보는 곳에 붙여놓는 것이 효과적이다. 우리에게 목표가 있어도 실패하는 이유는 잊어버리기 때문이다. 인쇄하여 벽에 붙여놓거나 핸드폰 배경화면으로 설정하면 하루에도 몇 번씩 목표를 인지하기 때문에 크게 벗어나는 행동을 할 요소가 줄어들게 된다. 또 시각화함으로써 동기부여도 자주 할 수 있다. 앞으로 자존감을 향상시키기 위하여 수많은 목표를 설정할 텐데 성공과 실패 여부를 떠나 시도조차 제대로 못 하는 목표가 많아진다면 또다시 자괴감에 빠지게 될 것이 분명하다. 그렇기에 제대로 된 목표 설정과 그에 따른 세세한 계획으로 우리의 목표가 성공할 수 있도록 하자.

선택해야 하는 일이 많은데 상황이 닥치고 나서 정신없이 하다 보면 나중에 후회하는 경우가 많았다. 그런 경험이 반복되다 보니 잘못된 선택을 한 나를 자책하게 되고 또 다른 선택의 순간이 왔을 때 결정에 대한 압박감이 심해졌다. 그래서 가능한 경우에는 예상 시뮬레이션을 항상 해보고 대안을 한두 가지 생각해놓는 편이다. 하지만 이 방법도 구체적인 목표가 설정되어 있지 않고 대충 큰 그림만 그려져 있는 상태라면 결정의 순간에 도움이 되지 않는다. 구체적인 목표를 정할 때는 기준을 삼을 수 있게 수치로 나타내고 세부적인 방법을 적으면 좋다.

이해하기 쉽게 다이어트로 예를 들어보겠다. 앞에서 설정한 한 달에 3kg 감량으로 정했다면 식단표를 짠다. 탄수화물 대체 식품으로 현미밥, 바나나, 삶은 고구마를, 단백질 대체 식품으로 닭 가슴살, 두유, 두부, 계란 등을 적은 뒤 어떻게 조합하여 먹을지 원하는 식단표를 짠다. 나의 경우는 회사에서 다 같이 먹는 점심을 제외한 나머지 두 끼의 식사를 닭 가슴살과 고구마 100g씩으로 제한했다. 물은 1~2L 마시기, 하루 1시간 빠른 걸음으로 걷기 등 지킬 수 있는 것들 위주로 설정했다. 3일마다 체중 체크를 하고 한 달이 다 되어가는데 3kg 감량을 못 할 것 같다면 식단을 수정하거나 기간을 수정한다. 이때 처음 만들었던 계획을 변경하려고 하면 목표 달성에 실패했다고 생각할 수 있지만 원래 계획은 확정된 것이 아니기에 실행하면서 수정해가는 것이다.

구체적인 목표 설정만이 성공 여부를 가른다

사진을 인쇄하는 것처럼 중요하며 함께하면 좋은 방법으로 문서화하는 방법이 있다. 이미지만 볼 때 자칫 놓칠 수도 있는 세부적인 내용까지 한눈에 들어오기 때문에 실수를 줄일 수 있다. 문서화 방법도 사진처럼 시각화하기에 좋기 때문에 잊어버릴 수가 없고 해야 할 것들을 즉시 확인할 수 있어 유용하다.

지금까지 이야기한 이론적인 방법보다 더 중요한 것이 있다. 바로 꿈과 목표를 구분할 줄 아는 것이다. 사람들이 목표라고 하는 것들을 듣다 보면 대개 '꿈'과 '이상'인 경우가 많다. '행복하게 살겠다, 건강해지겠다.' 같은 것은 목표가 아니라 막연한 꿈이다. 하물며 꿈만 있고 목표가 없는 사람이 매우 많다. 꿈과 목표의 구분을 못하는 경우도 있지만, 과거에 목표를 지키지 못했을 때 자신에게 실망했던 기억이 있는 경우도 목표를 잘 세우지 않는다. 그 과거의 기억이 두려움으로 자리 잡았기 때문이다. 하지만 명심해야 할 것이 있다. 지금 현재의 모습에서 원하는 모습(목표)으로 가는 방법은 한 가지뿐이라는 것이다. 바로 목표에 맞는 계획을 세우고 계획에 기반한 습관을 들이는 일이다.

목표를 과하게 잡으면 무리한 계획을 세우게 되고 습관을 들이는 데 실패한다. 습관을 들이는 데에 필요한 기간은 두 달, 세 달 정도이기 때문에 길게 보고 가야 한다. 따라서 습관을 만들어갈 때 조금 못 했을 때에는 괴로워하지 말고 무리한 부분은 낮추고 수정해가면 된다. 나는 안 되는 것을 되게 하려는 욕심으로 항상 스스로를 괴롭혀서 당연히 실패한 적이 많았고, 그 실패한 모습을 세뇌시키는 어리석은 짓까지 했다. 그만큼 습관을 들이는 일에는 고통과 인내가 따른다. 그러므로 못 지키면 실패한다는 심각함은 버리고 될 수 있으면 즐기면서 하는 것이 중요하다.

나의 자존감 연대기

다시 말해 목표는 구체적으로 설정해야 하고 목표의 성공 여부는 성공 습관의 지속력에 달려 있다. 큰 목표를 시작하기 두렵다면 아주 사소한 일주일짜리 목표부터 시작해보는 걸 추천한다. 자존감에서 중요한 것은 자신감이다. 성공하는 본인의 모습을 여러 번 본다면 내가 나를 믿게 되고 나의 능력을 믿게 된다. 목표로 가는 길에 하나씩 성취해가는 과정이 모여 성공을 만든다. 매일 작은 것을 지키는 것만으로 성공으로 갈 수 있다면 동반되는 고통쯤은 즐기며 헤쳐나갈 수 있다. 그 사이에 같이 성장하는 우리의 자존감도 느껴보자.

자주 쓰지는 않지만 확실한 의식이 있어

이루고자 하는 것의 현장 답사를 가는 거야

모델하우스에 가서 다음 달에 산다는 마음으로 구경을 해

혹은 원하는 대학교의 학식을 먹으러 가거나

원하는 회사 근처의 카페에 가서 책을 읽고 와도 좋아

목표와 내가 가까이 있다는 것을 체감하면

좀 더 노력할 수 있는 원동력이 생겨

타인과 나를
비교하지 않기

"모두 나처럼 될 수 없어요! 자기가 잘할 수 있는 걸 하면 되는 거예요!"
– 영화 〈쿵푸팬더3(Kung Fu Panda 3)〉, 2016

등수 매기기에서 탈피하자

우리는 비교의 세상 속에 살고 있다. 태어나면서부터 개월 수에 맞는 키와 몸무게로 등수를 매기고, 학창 시절에는 성적으로, 성인이 되어서는 연봉으로, 결혼 후에는 아파트 평수로 서로 비교하면서 산다. 이 모든 것의 기준은 남이다. 우리나라는 왜 이렇게 유독 남과 비교를 많이 하는 것일까? 어릴 때부터 자신이 원하는 것을 스스로 고민하고 해결하기보다는 부모나 어른들이 말해주는 것이 정답이라 들어왔기 때문이다. 그래서 그들이 원하는 것을 들어주며 사는 것이 당연한 것이 되어버렸다. 인생의 주도권을 내가 아닌 남이 쥐고 있는 꼴이 됐기 때문에 자신의 인생을 스스로 살지 못하고 다른 사람의 눈치를 보게 되는 것이다.

나의 비교 대상은 예쁜 사람이다. 무조건 예쁜 사람이면 되었다. 가수, 배우, 모델, 친구, 길을 지나가는 사람 할 것 없이 모든 예쁜 사람이 나와의 비교 대상이었다. 나와 공통점이 하나도 없는 사람과 비교를 하니 머리끝부터 발끝까지 나를 고쳐야 했다. 머릿결, 얼굴, 피부, 몸무게, 표정, 분위기, 비율 등 그 사람만 가지고 있는 조건을 나와 비교하여 자학하기 시작했다. 나보다 키가 훨씬 큰 모델인데 몸무게가 나보다 적게 나가는 것을 보고 충격을 받아서 다이어트로 고생하다가 쓰러지는 일은 자주 일어나는 일이었다. 숫자에 엄청 집착하던 시기이기도 했다.

숫자로 모든 것을 평가하는 사회에서 뒤처지지 않기 위해 아등바등 가꾸고 빼고 노력했지만 예상했던 결과가 쉽게 나오지도 않고 달성하더라도 행복하지 않았다. 내가 원하던 것이 아니기 때문에 행복하지 않았던 것임을 그때는 몰랐다. 특정 대상이 되기 위해 집착하고 한 가지만 생각하며 살았다. 나에게 없는 걸 갖고 있는 사람과 비교하기 때문에 그 사람은 모든 걸 갖고 있고 나는 가진 게 없다고 생각했다. 그때 당시는 자신의 욕구를 돌아보지 않고 외부의 다른 기준에 맞춰 나를 끼워 맞추려고 부단히도 노력했다. 기준이 되는 롤모델이 있다는 것은 좋지만, 지나치게 비교하고 나를 괴롭히게 되는 순간 그것은 목표가 아니라 욕심이 된다.

또 남들과 비교하여 본인이 아래에 있다고 생각했을 때 소심해지고 자신감이 떨어지는 사람은, 본인이 위에 있다고 느끼게 되면 오만해져서 상대를 하찮게 보고 무시하게 된다. 그렇기 때문에 비교는 어느 쪽으로든 좋지 않다. 타인에 의해서 나를 평가하는 것보다 자기 자신이 스스로를 어떻게 생각하고 평가하는지가 중요하다. 지금 당장 TV에 나오는 예쁘고 마른 아이돌과 비교하며 살아간다면 나의 주체성을 잃어버리고 의미 없는 저울질만 하는 것이다. 보급형 기성품 같은 사람이 되고 싶지 않다면 남들과 비교하는 대신 '과거의 나'와 비교하자. 1년 전의 나, 1달 전의 나, 어제의 나와 비교했을 때 나아지고 있다면 충분히 발전하고 있다는 뜻이니 조급해하지 말자.

고등학생 때 우리 반에 나와 반대 성격의 여자아이가 있었다. 성격도 활발하고 주변에 친구도 많아서 늘 부러웠고 그렇지 못한 나는 그 친구처럼 되고 싶었다. 그러다 나중에 안 좋은 친구를 사귀어 학교도 안 나오고 점점 나쁜 방향으로 가는 걸 보고는, 활발한 성격보다 조용한 성격이 낫겠다는 생각을 했다. 이렇듯 내가 그토록 원하던 비교 대상이 어떠한 계기로 인해 재빨리 바뀌기도 한다는 걸 느꼈다. 비교하는 마음이 생각보다 얕고 나의 판단에 따라 언제든지 쉽게 바뀔 수 있다는 걸 알게 됐다.

그렇다면 비교하는 것을 줄이는 방법에는 어떤 것이 있을까. 등수 매기기에서 탈피해보는 것이 좋다. 사람이 등장하지 않는 활동을 찾아보자.

취미 활동도 같이 시작하는 사람과 비교가 될 수 있기 때문에 혼자 하는 DIY를 해보는 것도 좋다. 아니면 특별한 기술이 없어도 쉽게 할 수 있는 것부터 찾아보도록 한다. 배움을 통해 나를 업그레이드하는 것도 좋은 방법이다. 예전에 동대문 시장의 뜨개실을 파는 공방에 가서 가방 만드는 법을 배우고 난 뒤 한두 개 만들어보며 뿌듯했던 기억이 있다. 전문적이든 아니든 무언가를 배우고 난 뒤의 보람과 자신감은 자존감을 채우기에 충분하다. 조금씩 발전하는 나를 보면 나를 사랑하게 될 것이다.

진정으로 나를 알기 위해 나를 공부해야 한다

또한 살면서 피할 수 없는 것 중의 하나가 바로 인터넷이다. 인터넷의 발달로 우리는 자연스럽게 타인의 모습을 접할 수밖에 없다. 그중 대표적인 것이 SNS이다. 인스타그램, 페이스북 등에 올라오는 다른 사람의 사진을 보고 부러워하는 것에 중독되어 끊임없이 타인의 사생활을 구경한다. 좋은 의미로 소통하기 위해 SNS를 하는 사람도 많지만 관심을 얻기 위해 SNS를 하는 사람이 훨씬 많다. 관심을 받기 위해서 부풀려진 모습이나 굉장히 좋았던 순간의 모습을 보여주는 사람이 많은데 그런 것들을 계속 보면 나만 힘들고 다른 사람은 항상 행복하다는 생각에 빠지기 때문에 위험하다. 몇 년 전 자신의 SNS에 명품 가방, 명품 옷, 명품 구두의 사진이 지속적으로 올라와서 많은 부러움을 샀던 사람이 있었다. 하지만 결국 그 사람은 SNS에 과시용으로 보여주기 위해 명품을 구매해서 사진을 찍은 뒤 환불하는 행위를 반복했던 것으로 드러났다.

본인에게 돈이 많지 않다는 것을 단점이라고 생각했기 때문에 인터넷에 가상의 모습을 만들어 대리만족을 한 것이다. 그 여자에게 명품이 없다고 욕한 사람은 아무도 없을 것이다. 자기 자신에 대한 만족이 없고 믿음이 없으면 이렇게 남의 시선에 전전긍긍하는 삶을 살 수밖에 없다. 그러므로 상대적 박탈감을 느끼지 않기 위해 SNS로 타인의 삶을 보는 시간을 줄이자. 상대의 빛나는 순간을 보면서 지금의 나와 비교하지 않아야 한다. 상대방도 인생을 살면서 몇 번의 빛나는 순간이 찾아온 것이고, 우리에게도 각자 빛나는 순간이 있었다. 아직 없었다면 앞으로 다가올 빛나는 순간을 위해 지금부터 업그레이드를 하자.

비교가 문제가 되는 이유는 비교하며 생기는 열등감이 콤플렉스로 바뀌기 때문이다. 누가 시키지 않고 나 스스로 한 비교로 인해 콤플렉스가 늘어만 간다면 그보다 괴로운 것은 없을 것이다. 경쟁 환경에 놓인 우리는 비교를 피할 수 없다. 그렇기 때문에 비교로 인한 열등감도 생길 수밖에 없다. 그 열등감을 콤플렉스로 만들어 나에게 안 좋은 자극을 주는 것보다는, 열등감을 느낀 부분을 제외한 다른 부분을 발달시켜서 스스로 성장하게끔 좋은 자극을 주어야 한다.

〈디태치먼트〉라는 미국 영화가 있다. Detachment라는 단어를 직역하면 '무심함, 거리를 둠'이라는 뜻이며 가톨릭 용어로는 '과도한 현세적 욕망에 대하여 균형 있고 조절된 생활 태도'를 뜻한다. 이 영화에서 감명 깊었던 대사를 소개하고 싶다.

"우리는 거짓말인 것을 알면서 믿는 것이 문제다. 행복해지기 위해 예뻐야 해. 더 살을 빼야 해 등 24시간 마케팅 학살을 받고 있다. 이런 것들이 우리를 바보로 만들어서 결국 죽게 만들지."
"우리는 자신의 생각을 갖기 위해, 우리의 신념을 갖추기 위해 읽는 능력이 필요해. 마음을 보존하고 마음을 보호하기 위해서."

영화에서도 사회가 만든 기준에 우리를 맞추는 것을 위험하다고 생각하고, 기준을 우리가 만들 수 있을 때까지 끊임없이 독서하면서 공부하길 권하고 있다. 외부의 요인에 쉽게 흔들리지 않는 자신이 되기 위해 나를 알아가는 공부를 게을리하지 말자.

나의 자존감 연대기

나는 이루지 못한 것을 이룬 사람을 보았을 때

너무나 부럽고 샘이 나

하지만 내 시간을 다 쓰면서까지

그 사람의 성과를 느껴주는 건

정말 쓸모없는 일이야

부러움의 감정을 논리적으로 설명이 가능하다면

가볍게 인정하고 얼른 넘기자

그리고 나의 부족한 부분에 얼른 매달려서 집중해야 해

부러워하는 감정마저

나에게 동기부여가 되도록 만들었다면 그걸로 된 거야

정중히 거절하는
연습하기

"무엇인가에 대해 진정으로 '예'라고 말하려면 온 마음을 다해야 한다.
당신은 '예'라는 대답에 진심을 담고 있어야 한다.
만약 당신이 그럴 마음이 없다면 '아니오'라고 해야 한다."
– 『줌: 행복한 사람들의 또 다른 삶의 방식』, 2003

거절도 잘하면 좋은 기억으로 남는다

이동해야 하는 일정이 유독 많았던 날, 친구가 마침 부탁을 해왔고 거절하지 못하는 난 들어주겠다고 했다. 일정을 소화하다 보니 예상대로 시간이 모자라서 나의 일정을 포기하고 친구의 부탁을 먼저 처리해주었다. 친구는 부탁한 것이 해결되어 고맙다는 말 한마디로 상황을 끝냈지만 나에겐 미처리 일정이 생기게 되었다. 그 사건으로 인해 남은 거라곤 부탁을 했던 친구에 대한 원망과 거절 못 한 나에 대한 답답함이었다. 일이 꼬여버려 그 친구를 대하는 표정과 말투가 퉁명스러웠나 보다. 결국 친구도 나도 기분이 나빠졌고 서로 오해하게 됐다. 바빠서 오늘은 안 되겠다

나의 자존감 연대기

고 솔직하게 말하면 아무 일도 일어나지 않았을 텐데 좋은 사람으로 남기 위해 억지로 들어주었다가 더 안 좋은 결과가 나버렸다.

일이 이렇게 꼬인 이유는 내가 거절을 나쁜 것이라고 생각한 데 있다. 거절은 안 좋은 것이라고 생각하기 때문에 거절을 할 일이 생기면 굉장히 미안해하고 상대방이 날 싫어하게 될까 봐 구차하게 변명하게 된다. 거절은 나쁜 것이 아니다. 나의 할 일을 우선적으로 하고 나서 해줄 수 있는 시간이 되면 들어주면 되고 안 되면 안 된다고 하면 된다. 거절을 한다고 해서 미움받을 거라는 걱정은 하지 마라. 만약 부탁을 정중하게 거절했을 때 상대방의 태도가 변했다면 멀어져도 될 사람이기 때문에 미움받든 안 받든 신경 쓰지 않아도 된다.

부탁을 유난히 많이 받는 사람이 있다. 내가 그렇다. 좋게 말해 착하게 생긴 인상이고 안 좋게 말하면 만만해 보이는 인상을 갖고 있어서 부탁을 할 때 크게 어려워하지 않는 것 같다. 다시 말해 인상 때문에 부탁을 잘 들어줄 것이라 생각하고 하는 부탁이기 때문에 나를 어느 정도는 편하게 여겼다는 것이다. 그렇기에 진짜로 만만한 사람이 되지 않기 위해서는 부탁을 받는 내가 거절할 때 굳이 을의 자세를 취할 필요가 없다. 너무 매몰차지도 구차하지도 않게 담담하게 하면 된다.

부탁이 아니라 무리한 약속 잡기도 비슷한 맥락이라고 할 수 있다. 이미 이번 주 일요일에 선약이 있는데 다른 약속 제안이 들어왔을 때 거절하지 못해서 약속을 이중 삼중으로 잡은 적이 있다. 나름대로 약속 사이에 간격을 둔다고 했는데도 첫 번째 약속에서부터 시간에 맞춰 헤어지지 못해서 그다음의 약속에 모두 늦어버렸다. 첫 번째 약속에서는 두 번째 약속 장소에 늦지 않고 가야 한다는 생각 때문에 친구와의 대화도 제대로 신경 쓰지 못하고 시계만 보았다. 그 모습을 보던 친구는 무슨 일 있냐며 초조해 보인다고 했다. 차마 미안해서 다음 약속이 있다고 말도 못 하고 예상보다 늦게 헤어졌다. 그날은 하루 종일 내가 뭘 했는지 기억이 안 난다. 늦을까 봐, 기다릴까 봐, 발만 동동 구른 기억뿐이다.

그 일을 계기로 다음부터는 선약이 있을 때 이중으로 약속을 잡지 않고 거절을 한다. 단 거절에서 끝나는 것이 아니라 다음 약속을 잡거나 나중에 날짜를 조율하기로 한다. 우리는 어떠한 말을 해도 처음에 하는 말보다는 마지막에 한 말을 잘 기억한다. 그래서 거절을 하면 마지막에 부정어로 끝나기 때문에 부정적인 분위기로 상대에게 각인될 수가 있다. 그럴 때는 거절을 할 때 앞뒤로 긍정어를 넣어서 예쁘게 말을 하면 좋다. '바빠서 못 해줄 것 같아.'라고 부정어만 말하면 기분이 안 좋을 수도 있다. 하지만 같은 말도 '그 일은 내가 정말 도와주고 싶은 일이야. 그렇지만 오늘은 일정이 바빠서 못 할 것 같고, 다음에 그런 일 생기면 꼭 다시 부탁해

나의 자존감 연대기

줘.'라고 긍정+부정+긍정으로 말하면 거절하면서도 상대에게 좋은 기억으로 남을 수 있다.

거절 못 하는 사람은 착한 사람이 아니라 쉬운 사람이다

더 이상 남에게 휘둘리지 않기 위해서라도 미움받을 각오를 하고 단호해져야 한다. 사람들은 내가 어떤 것을 싫다고 따로 얘기하지 않으면 좋아한다고 생각하는 경향이 있다. 분명하게 말하지 않으면 원하는 대로 생각하기 때문에 나의 의사를 확실히 밝혀야 한다. 이론적으로는 이해하나 나쁜 사람으로 오해받기 싫어서 불안하기 때문에 거절을 못 하는 경우가 더 많다. 한 가지 잊지 말아야 할 것은, 우린 매 순간 착한 사람이 될 수는 없다는 것이다. 오히려 매번 착하게 보인다면 호구로 생각할 가능성이 매우 높다. 그렇다고 해서 단호하게 거절하라는 것이 매정하게 하라는 뜻이 아니다. 나를 지키려는 최소한의 선을 그으라는 것이다.

나 같은 경우에 사회생활 초년생까지는 소중한 인간관계를 지키기 위해 부탁을 다 들어주려는 성격이었다. 그렇게 지내다 보니 항상 부탁을 들어주는 나의 모습에 사람들이 적응해가고 있었다. 어느새 나는 부탁을 무조건 들어주는 사람이 되어 있었던 것이다. 그러던 중 정말 몸살이 심하게 나서 부탁을 들어주지 못한 적이 있었는데, 굉장히 실망하며 안 좋은 말을 한 것을 알고 매우 억울하고 서운했다. 부탁에 응한 횟수는 다른 친구들보다 훨씬 많았지만, 사람들은 내가 당연히 이번에도 부탁을 들어줄 것이라 굳게 믿고 있었기에 일종의 배신감을 느꼈던 것이다. 오히려 거절을 더 많이 한 친구에게는 부탁을 들어줄 것이란 기대를 하지 않아서 실망도 하지 않는다.

사람들이 나를 '예스맨'으로 생각하도록 만든 것은 순전히 나의 탓이다. 나의 이미지를 내가 그렇게 만들어갔기 때문이다. 그래서 이제는 내가 할 수 있는 부탁만 들어주려고 한다. 잘해낼 자신이 없는 것도 괜히 떠안았다가 못하게 되면 믿고 맡긴 사람 입장에서는 일을 두 번 해야 하니 더 안 좋은 방향으로 인간관계가 틀어질 수 있어 조심해야 한다. 기분 좋을 때 함부로 약속하지 말라는 말이 있듯이 거절도 항상 진지하게 생각해보고 결정해야 한다. 거절 못 하는 사람은 착한 사람이 아니라 쉬운 사람이 된다는 것을 반드시 새겨야 한다. 또 한 번 부탁한 사람은 계속 부탁하기 때문에 조심해야 한다. 자존감이 낮아 타인에게 만만하게 보이지 않을까 봐 항상 걱정하는 우리에게는 거절이 꼭 필요하다.

우리가 거절을 하지 못하는 또 다른 이유는 과거에 자신이 받았던 거절이 굉장히 쓰리고 아팠던 경험으로 남아 있기 때문일 수도 있다. 불쌍한 표정이나 말투로 부탁을 하면 어쩔 수 없이 받아주는 사람을 본 적이 있을 것이다. 상대방도 내가 거절했을 때 많이 아플 거라고 감정이입이 되어서 그러는 것이다. 하지만 같은 거절이라도 받아들이는 사람의 태도에 따라 아플 수도 있고 동기부여가 될 수도 있다. 부탁을 거절하는 것은 부탁한 사람을 부정하는 것이 아님을 알아야 하고, 거절을 당했을 때 그 일을 더 열심히 해야 하는 동기부여를 찾으면 성장할 수 있다는 믿음을 가져야 한다. 무엇보다 거절하는 이유가 타당할수록 잘 거절할 수 있다. 그 부탁보다 나에게 더 우선인 일이 있음을 정중하게 이야기한다면 대부분의 사람은 포용해줄 것이다.

의사 표현을 하는 것도 아직 서툰 사람이 정중하게 거절하기란 어렵다. 한 번에 확 바뀔 수는 없겠지만 뭐든지 부탁하면 잘 해결해줄 것 같은 사람으로 인식되지 않기 위해서 노력해야 한다. 진정 나를 위한 노력이다. 내가 했던 행동과 말들이 나중에 나를 힘들게 하진 않을까 생각하면서 살아야 한다. 나를 위해주는 것은 나밖에 없다.

부탁하는 사람은

우리가 거절할 거란 걸 어느 정도 예상하고 있어

그래서 거절 자체로 기분 나빠 하지 않아

거절을 할 때 대충 하지 말고

자세한 사정을 얘기해줘

그리고 거절을 하더라도

상대방을 생각해서

도움이 될 만한 정보나 사람을 소개해준다면

오히려 좋은 사람으로 기억에 남을 거야

포기하고 싶을 때
한 번 더 하기

"뭘 그만해, 그만둘 게 있어야지. 한 게 아무것도 없는데 뭘 그만해."
– 영화 〈살아남은 아이(Last Child)〉, 2017

다시 시작할 수 있는 힘을 길러라

내 마음속 '정신적인 나'는 '육체적인 나'를 쳐다보고 있다. 육체가 용기를 내지 못하거나 머뭇거릴 때 정신은 그동안 자기 합리화를 해주었다. 상처를 받지 않으려면 그 방법밖에 없었다. 그러나 뒤돌아서면 기분이 찜찜해졌다. 한 달 전에 헬스장의 러닝머신 위에서 한 시간을 달리고 내려와야 하는데 45분쯤부터 한계가 왔고 마침 지켜보는 코치님이 없어서 내려온 적이 있었다. 정말 유독 힘들었고 죽을 것 같았기에 오늘만 짧게 하고 내일부터 다시 1시간을 채울 생각이었다. 그렇게 생각했지만 내가 나에게 변명을 늘어놓는 것 같은 기분이 들어 개운하지 않았다. 다음 날 러

닝머신 위에서 45분이 지나자 그만하고 싶은 기분이 솟구쳤고 이대로 또 내려오면 버릇이 될까 봐 이 악물고 1시간을 꽉 채운 뒤 내려왔다.

1시간을 채우고 나서 든 생각은 '죽을 것 같이 힘들지만 죽지 않았다는 것'이다. 1시간 운동을 꾸준히 하자는 습관을 들이는 도중에 45분이라는 유혹에 넘어갔었다. 다시 정신을 차리고 1시간을 채워보니 포기하는 버릇을 내 의지로 고칠 수 있다는 자신감을 얻었다. 그것도 정말 싫어하는 운동에서 느꼈으니 그때의 뿌듯함은 지금도 느낄 수 있다. 나는 육체와 정신이 모두 나약한 사람이었다. 힘들거나 방법이 없다고 생각하면 쉽게 포기해버리는 사람이라고 스스로 세뇌시켰다. 하지만 포기하고자 하는 강한 의지를 무시하고 새로운 습관을 들이려는 첫 발걸음을 성공적으로 내디뎠다. 그때 '정신적인 나'는 살짝 놀랐던 것 같다. '나한테 이런 힘이 있었어? 쉽게 사는 걸 거부하다니.'라고 말이다.

그동안 육체가 정신에게 보여줬던 것은 포기하기 좋아하고 머리 쓰지 않고 쉽게 살아가는 모습뿐이었다. 그래서 '정신적인 나'에게 '육체적인 나'는 쉽게 포기하고 노력하기 싫어하는 모습으로 각인되어 있었다. 하지만 포기하고 싶을 때 한 번 더 하는 모습을 지속적으로 보여줌으로써 힘들어도 쉽게 포기하지 않고 한 번 더 해보는 사람으로 각인시켜 나가고 있다. 이런 순간들이 하루 이틀 쌓이면서 성공 습관이 만들어지는 것이

나의 자존감 연대기

다. 헬스장에서 두 달 동안 PT(개인 훈련)를 받았는데 월수금은 PT를 받고 화목토는 혼자서 개인 운동을 해야 했다. 나도 모르게 마음속에서 '화목토는 귀찮아서 안 할 것 같은데.'라는 생각이 문득 들었고 그에 반박이라도 하듯 화목토에 꼬박꼬박 운동했다. 그래서 두 달 동안 일주일에 6일 운동하기라는 목표를 성공적으로 달성했다.

"승자와 패자를 분리하는 단 한 가지는, 승자는 실행하는 사람이라는 점이다."

미국의 저술가 앤서니 로빈슨의 명언이다. 나는 머리가 좋지도 않고 천재형이 아니기에 노력형으로 가기로 정했다. 아무것도 안 하는 사람보다 꾸준히 실행하는 사람만이 어떤 결과든 손에 쥘 수 있기 때문이다. 노력했던 일의 결과에 실패란 없다. 성공 아니면 경험, 무조건 둘 중 하나이다. 그리고 일상 속에서 자잘하게 포기하는 것들이 생기면 그때마다 패턴을 바꾸려고 의식적으로 노력해보았다. 그전까지 책을 읽다가 갑자기 TV가 보고 싶으면 바로 책을 덮고 TV를 보았기 때문에 한 번 덮은 책을 언제 다시 펼칠지는 미정이었다.

이번에도 책을 읽다가 중간에 쉬고 싶어졌다. 그때 바로, 매번 책 한 권 모두 읽기에 실패했던 경험을 떠올렸고 두 시간 안에 다 읽고 TV 보자는 생각으로 더욱 집중해서 읽어보았다. 나만의 한계를 설정해놓고 그 안에 맞춰서 끝내겠다고 마음먹으니 의외로 잘되었다.

내가 느슨해질 때쯤 살짝씩 잡아주었다. 인생을 편하게 사는 것은 좋지만 마냥 쉬운 것만 바라고 노력을 해야 할 때조차 쉬운 길을 가려고 했던 나를 조금씩 무리하지 않으며 바꿔가고 있다. 육체적인 힘듦 때문에 포기하고 싶은 것은 어느 정도 노력으로 할 수 있지만 정신적인 힘듦으로 인해 포기하고 싶을 때는 얘기가 다르다. 오기로 밀고 나가거나 다독여주며 끌고 가더라도 어느 정도 한계점이 오면 결국 포기해버리게 된다. 나는 정신적인 힘듦이 찾아왔을 때 나만의 '동굴'로 들어가곤 한다. 일단 하던 것을 멈추고 동굴 속에서 나와의 독대를 시작한다. 그리고 지금 이 순간 힘든 것, 하기 싫은 이유, 그만둬도 되는 이유에 대해 담담하게 넋두리한다. 그리고 '그럼에도 불구하고 내가 하고 싶은 이유'를 되새긴다. 이렇게 현재의 상황과 처음에 그 일을 시작한 계기를 나열하며 한 번씩 짚어가다 보면 포기하고 싶은 마음을 다잡고 다시 시작할 힘이 생긴다.

결정을 하기 전에 본질을 되새겨라

현실이 너무 고되서 원래 하고자 했던 본질은 잊고 힘든 점만 부각된다면 잠시 잊고 있던 본질을 일깨워줄 필요가 있다. 대학을 졸업하고 봉사활동을 자원하여 하게 되었다. 소외된 계층이나 도움이 필요한 분들에게 작게나마 도움이 될 수 있다면 큰 보람을 느낄 수 있을 것 같기 때문이었다. 그래서 장애시설에서 봉사활동을 시작하게 되었는데 봉사하는 인원을 나이대로 구분하여 나눠서 투입시켰다. 그 당시 10~20대와 30~40대로 나누었는데 10~20대의 비율이 높아서 그중 몇 명은 30~40대 쪽에서 함께 일해야 했다. 누가 정해주기도 애매한 상황이라 내가 먼저 손을 들고 자진하여 30~40대 분들과 함께하겠다고 했다.

하지만 일을 하면서 작은 문제들이 생기기 시작했다. 무리 중에서 내가 어리니 힘들지 않은 일부터 하라고 비교적 쉬운 일을 주셨다. 쉬운 일이다 보니 일이 금방 끝나게 되었고 그다음부터는 다른 언니들의 심부름을 하기 시작했다. 나중에는 봉사활동을 하러 온 건지 심부름을 하러 온 건지 헷갈릴 정도였고, 어리다고 잘해주는 분도 계셨지만 너무 막 부리는 사람도 많았다. 한 달 동안 주말마다 하기로 했는데 반도 채우기 전에 나가기 싫어지고 스트레스를 받고 있었다. 어차피 돈 받고 하는 것도 아니고 나 하나 빠진다고 큰일 나는 것도 아닌데 그냥 나가지 말까 하는 생각까지 했다. 그러나 아무리 생각해도 중간에 그만두기에는 나중에 나에게 부끄러울 것 같았다.

그때 나는 동굴에 들어갔다. 지금 이 순간 어리다는 이유로 나를 심부름꾼 취급하는 사람들과 마주하기가 싫었다. 좋은 일을 하러 가서 허드렛일을 하고 오는 기분이 들었고, 회사가 아니기 때문에 그만둬도 시설에 손해가 가지 않을 것 같아서 불참할까 생각했다. 그리고 처음 시설을 찾아갔던 본질을 생각해보았다. 세수 한 번, 식사 한 번 편하게 하지 못하는 분들을 도와주러 갔는데 인간관계에서 오는 문제로 인해 그만둔다는 것은 앞뒤가 맞지 않았다. 내가 할 수 있는 방법을 동원해서 지금 가장 큰 문제인 봉사를 하는 것에 초점을 맞추기로 마음을 다잡았다. 나는 담당자와 상담을 했고 봉사활동을 계속하고 싶다고 하니 10~20대가 배정받은 곳으로 바꿔주셨다.

하지만 정신적으로 포기하고 싶을 때에도 본질을 놓지 않으려 계속 되새김질했고 그 본질을 지키려 육체적으로 노력했다. 결국 한 달 동안 빠짐없이 봉사활동을 잘 마무리할 수 있었고 지금 생각해도 정말 잘한 일 중 하나로 기억하고 있다. 그때 만약에 포기했더라면 문제 해결하기를 겁먹고 상황에서 도망친 어리석은 자신으로 남았을 것이다. 모든 고민과 스트레스와 해결하는 과정이 지금 와서 보면 정말 별것 아닌 경우가 훨씬 많음을 이 일로 인해 많이 느꼈다. 그러니 별것도 아닌 일로 포기하고 도망치려 하지 말고 포기하고 싶을 때 한 번 더 해서 아름다운 끝을 맺는 사람이 되도록 하자.

분명한 건

이 상황이 계속되지 않는다는 거야

현재의 상황일 뿐

미래의 상황이 아니기 때문에

견디고 넘기면 무조건 좋은 일이 일어날 거야

문제의 그 상황에 감사의 마음을 가져봐

신기하게도 내가 생각한 대로

감정과 행동이 움직이게 돼

우선 나에게
결정권 주기

"우리의 진정한 모습은 우리의 능력이 아니라
우리의 선택을 통해 나타나는 거란다."
– 영화 〈해리 포터와 비밀의 방〉, 2002

마음의 소리에 집중하라

나에게 결정권이 주어지는 순간이 싫었다. 결정에 대한 책임으로부터
회피하고 싶었고 타인의 질타를 받을까 두려웠다. 내가 원하지 않는 것이
선택되더라도 그냥 따르는 것이 마음 편했다. 하지만 결정권을 남에게 전
가한다고 해서 결정권을 받은 사람이 배려를 받는다고 생각하는 것도 잠
시뿐이다. 내가 계속 결정을 회피한다면 다른 사람들은 같이하는 어떤 일
에 내가 기여를 하지 않는다는 생각을 하게 된다. 그리고 나만 안전주의
방식을 고수한다면 주변에서도 나를 곱지 않은 시선으로 본다는 것을 느
꼈다. 어떤 일을 하는 데 책임을 지기 싫다면 그 일에 대한 책임감이 없다

는 말이다. 남들이 고뇌한 흔적을 따라가기만 해서 그저 꽃길만 걷겠다는 건데 그런 나를 좋게 봐줄 리가 없다.

이제는 내가 한 일에 대해 어느 정도 책임을 질 각오를 할 때가 되었다. 살다 보니 마냥 피한다고 피해지는 것도 아니더라. 요즘 숱하게 나오는 리얼리티 오디션 프로그램에서도 실력이 아닌 인성으로 평가받는 시대가 왔다. 남을 배려할 줄 알고 어떨 때는 과감한 결정을 통해 팀을 책임질 각오를 하고 이끌어가는 모습을 보여줄 때 사람들은 감동한다. 데뷔하기 위해 정말 열심히 하는 사람이 지적받는 경우는 없다. 하지만 타인의 의견은 모두 반대하면서 본인은 좋은 아이디어도 제시하지 않고 훈수만 두는 사람은 인성을 지적받는다. 원하는 결과를 얻기 위해서라면 손해를 감수하고서라도 결정을 해야 하는 순간이 온다. 그 순간에 결단력 있게 선택을 하느냐, 머뭇거리며 눈치만 보다가 끝나느냐에 따라 나의 앞에 펼쳐질 상황은 바뀌게 된다.

큰일이 아니어도 작은 일에서도 결정하는 순간은 끊임없이 온다. 친구를 만났을 때 저녁 메뉴를 정하면서 내가 먹고 싶은 걸 시키도록 하는 친구가 있다. 그럴 때도 역시 내가 시킨 음식이 맛이 없거나 친구가 싫어하는 재료가 들어갔을까 봐 걱정되어 선뜻 결정을 하지 못하고 서로 미루다가 시간만 버리는 경우가 많다. 결정을 하는 데 하면 안 좋은 말이 두 가지 있다. '아무거나'와 '난 다 좋아'다. 상대방도 모호한 것을 싫어하기 때문에 내가 먹고 싶은 것은 솔직히 얘기해주는 게 좋다. 이렇게 뭉뚱그려서 얘기하는 것도 문제를 회피하는 것이기 때문에 결과적으로는 좋지 않다.

이제 의사 표현을 전보다 잘하는 성격으로 바뀌어가고 있다. 그리고 밥 먹으러 가서 메뉴를 내가 정해야 할 때는 종류별로 골고루 시키고 뒤에 올 책임에 대해 그렇게 심각하게 생각하지 않는다. 애초에 정답을 주지 않고 나에게 임의로 결정하기를 바랐기 때문에 내가 한 결정에 잘잘못은 없다. 그리고 이렇게 결정을 하나둘씩 하다 보니 본인이 좋아하는 것은 어떤 것인지 알아가기도 한다. 나도 나에게 결정권을 주면서부터 내가 진짜 하고 싶은 것과 안 하고 싶은 것을 알게 됐다. 결정을 한 일에 책임질 것을 감수하고 나니 그 일에 대한 애착도 강해지고 비로소 피하지 않는 어른이 된 느낌이었다.

나에게 결정권을 주는 것은 내가 나의 의사를 존중하겠다는 의미이다. 내가 진정으로 원하는 것이 무엇인지 얘기해달라는 것이며, 자신의 결정을 믿고 나가라는 응원의 힘도 가지고 있다. 그저 결과가 두려워 피하는 것은 1차원적인 생각만 하는 것이라는 생각이 든다. 좋은 결과든 좋지 않은 결과든 내가 선택을 해야 일어날 수 있고 수정도 할 수 있다.

내가 옳다고 믿고 있던 일도 막상 해보면 문제가 있기도 한 것처럼 이 상과 현실은 약간 다르다. 큰 결정을 하기 전에 작은 결정을 해보는 경험을 충분히 해봄으로써 대비를 하도록 하자.

어떤 경우에도 내 몫의 결정은 피하지 않는다

선택지가 49 대 51만 되어도 결정하기 쉬웠을 텐데 정말 감조차 잡을 수 없고 모르겠을 때는 어떻게 해야 할까? 눈 딱 감고 찍자. 고민을 해서 답이 나오지 않는 경우는 시간 낭비를 하지 말고 답이 없는데 고민이 되는 것이라면 더욱 편하게 찍으면 된다. 회사에서 과장님이 야근하는 사람들이 마실 커피를 사 오라고 시켰다. 7잔을 사 가야 했는데 팀에서 막내였던 나는 짧은 시간에 엄청 많은 고민을 했다. 팀장님과 과장님 두 분이 어떤 커피를 좋아하는지도 몰랐고 커피를 못 마시는 사람이 있는지도 확인할 시간이 없었다. 단맛을 싫어하는 사람이 많으면 어쩌지? 쓴맛을 싫어하는 사람이 많으면 어쩌지? 모든 사람이 아메리카노만 원하면 어쩌지? 별의별 생각을 하다가 이대로는 시간을 너무 지체할 것 같아서 아메리카노 3잔, 카페라테 3잔, 차 1잔을 사 갔다.

결국은 메뉴가 안 맞는 큰 문제없이 골고루 나눠 마셨다. 차례대로 그날 끌리는 커피를 사 갔고 누구 하나 '나 이거 안 좋아하는데.'라는 말없이 잘 마셨다. 내가 임의로 사 가면 문제가 생길까 봐 엄청난 고민을 했는데 막상 사람들은 별 신경 안 쓰고 마시기 바빴다. 그런 모습을 보면서 '조금은 덜 고민해도 되는구나, 눈 딱 감고 결정하는 게 편할 때도 있구나.' 하고 느꼈다. 비단 커피에만 적용되는 것은 아니다. 물론 중대하고 손해가 갈 수 있는 결정을 하려면 공부도 하고 생각도 많이 해야 하겠지만, 그런 것이 아닌 결정은 마음에 힘을 빼고 찍는 배짱이 필요하다.

정말 사소한 경험이지만 뿌듯함을 많이 느낄 수 있었던 적이 있다. 평소 내가 먼저 식구들에게 무얼 먹으러 가자고 말을 한 적이 없다. 근데 그날따라 순대곱창이 너무 먹고 싶은 것이다. 나는 기대를 전혀 하지 않고 순대곱창을 먹고 싶다고 얘기했다. 근데 바로 가자며 식구들이 모두 동의를 해준 것이다. 내가 생각했던 예상 대답은 '귀찮아, 다음에 가자.' 등이었는데 '그럴까? 오랜만에 가서 먹고 싶네.'라는 말을 들었을 때 마치 내 편을 들어준 것처럼 고마웠다. 내가 결정하고 제시한 저녁 메뉴를 모두 동의한 것이다. 한편으로는, 가족은 내 편인데 내가 너무 거절당할까 봐 미리 겁먹은 것은 아닌가 하는 생각도 들었다.

이 작고 작은 일화로 인해, 나의 의견을 좋게 받아들일 수도 있음을 직접 체험하게 됐고 결정의 때가 됐을 때 덜 고민하고 덜 긴장하게 되었다. 결정을 받아들이면 좋은 것이고 아니면 수정하거나 설득하면 되는 것이

나의 자존감 연대기

다. 이 또한 결정을 '했을 때' 알 수 있기 때문에 어느 방향이든 결정을 하는 것이 선행되어야 한다. 미적지근한 태도는 신뢰를 잃거나 실망을 줄 수 있기 때문에 나는 최대한 간단하게 생각하고 빠르게 결정하려고 노력 중이다. 그리고 수많은 선택지 중에 불안해하며 한 가지를 결정했지만 결과가 우리 인생에 치명타를 입힐 만한 선택은 그리 많지 않다. 그러니 나에게 마음껏 결정권을 주고 눈치 보지 말고 마음이 시키는 선택을 하라. 결정을 완료했다는 뿌듯함만 가져와라.

나의 아주 가까운 지인 중에 정신적 멘토로 삼는 사람이 있다. 그분은 매 순간 결정이 힘들어 도망치고 싶다고 말하는 나에게 한마디해주셨다. 지금 내가 하게 되는 결정은 갑자기 하늘에서 떨어진 임무가 아니라 나의 선택, 나의 상황, 나의 자리 등 나에 의해 만들어지는 결정이라고 말이다. 결정권은 피하고 싶다고 피해지는 것이 아니니, 즐기지는 못해도 그 순간을 온전히 받아들이고 결정을 하라고 담담하게 용기를 주셨다. 이 말은 지금도 결정을 하는 순간마다 떠올리며 그 결정에 최선을 다하는데 힘이 되어준다.

어느 쪽을 결정해도

내가 선택하지 않은 쪽에 대한 미련은 반드시 생겨

잘못 결정하면 피해가 생길 거라는 강박 때문에

더욱 주춤하게 되고

모든 것에 정답이 있다는 생각을 버려야 해

답이 없는 상황, 답을 직접 만들어야 하는 상황이 훨씬 많아

그리고 나만의 답을 만들어도 된다는 거지

칭찬 & 감사
일기 쓰기

"일출과 일몰은 매일 있는 거란다.
네가 마음만 먹는다면 그 아름다움 속으로 언제든 들어갈 수 있단다."
– 영화 〈와일드(Wild)〉, 2014

다시 한 번 일기를 써보기로 했다

나는 일기 쓰는 것을 싫어한다. 다이어리를 쓰는 것도 좋아하지 않는다. 이유는 꾸준히 쓰지 못하고 한두 달 안에 어딘가에 처박혀서 내년에 발견되기 때문이다. 그러다가 우연히 인터넷에서 '칭찬 일기'라는 단어를 보았는데 막연하게 자신을 칭찬하고 응원하는 글을 쓰는 거겠지 하고 넘겨버렸다. 그리고 작년에 처박혔던 다이어리를 찾은 순간 잊고 있었던 칭찬 일기가 다시 떠올랐다. 즉시 다이어리를 펼쳐서 생각나는 칭찬을 적어보았다. 하지만 칭찬할 만한 일이 없어서 '지하철에 굴러다니는 음료수 캔을 쓰레기통에 버렸다.'라는 한 줄만 적고 덮었다. 속으로 '잘한 일이 역시 별로 없군.'이라며 씁쓸해졌다.

다이어리를 어딘가에 꽁꽁 숨기지 않고 대충 던져놔서인지 며칠 뒤에 다시 눈에 띄었는데 뭔가 이번에는 제대로 일주일만 해볼까 하는 마음에 일부러 자주 보이는 화장대에 놓고 적기 시작했다. 칭찬 일기를 왜 써야 하는지 쓰면, 어떤 것이 좋은지 제대로 알지도 못하고 무작정 해보기로 한 것이다. 아주 사소한 것까지 쥐어짜서 썼다. 출근길 옆 사람이 나를 치고 지나갔지만 속으로 욕하지 않고 그러려니 하고 넘어간 것, 업무가 밀려서 야근을 했지만 스트레스 안 받으려고 최대한 즐거운 마음으로 하려고 했던 것 등 하루를 되짚어보며 나를 칭찬할 거리를 3개씩 찾아 적었다. 어떤 날은 칭찬 일기에 쓸 목적으로 선행을 하기도 했다.

일기라면 초등학교 방학 숙제 때문에 충분히 지겨워질 만도 했지만 칭찬 일기는 양도 정해져 있지 않고 서술형이 아니어도 되니 글짓기를 할 필요가 없어서 꾸준히 할 수 있었다. 미리 정해두었던 일주일이라는 기간이 다 되었을 때 나는 매일 쓸 수도 있겠다는 생각을 했다. 그렇게 하루하루 적어가다 보니 한 달을 채웠길래 그동안 적었던 칭찬 일기를 처음부터 읽어보았다. 유치한 부분도 있었지만 그동안의 나의 선한 업적을 한눈에 볼 수 있어서 좋았다. 초반에는 결과 위주로 칭찬을 하다가 나중에는 소재가 떨어지니 과정 중심적으로 칭찬을 하고 있었다. 근데 내가 다시 볼

나의 자존감 연대기

때는 과정 중심의 칭찬이 더 와닿고 기분도 더 좋았다.

칭찬 일기를 꾸준하게 쓰는 습관이 잘 들어갈 때쯤 부담되지 않는 선에서 무엇을 더 추가하여 적고 싶었다. 그래서 감사 일기를 같이 써보기로 했다. 감사 일기 또한 평소에 불만이 많고 부정적인 성격이기에 저절로 떠오르지 않으니 열심히 찾아서 썼다. 나의 하루 안에서 감사할 일들을 찾아 적다 보니 저절로 현재에 집중하게 되어 과거나 미래에 연연하는 시간이 점점 줄어들었다. 솔직히 버스를 놓쳐서 지각하거나 회사에서 혼나는 등 안 좋은 일이 있는 날은 감사는커녕 욕만 하기 바쁜 것이 현실이다. 하지만 나의 이런 욱함을 바꿔보고자 본격적으로 시작하게 되었다.

나의 성장 일기가 되다

아침에 집에서 따뜻하게 눈 뜨며 일어날 수 있음에 감사, 출근할 수 있음에 감사, 예쁜 꽃을 본 것에 감사 등 주변에 일어나는 모든 일에 감사를 하였다. 나중에는 나쁜 일이 아니면 거의 모든 일에 감사를 하게 되었고 길을 걸어가거나 일을 할 때에도 속으로 감사를 외치는 것이 습관이 되었다. 칭찬 일기와 감사 일기를 한곳에 적어보니 나름 나만의 방식이 생겼다. 첫 번째는 잠들기 전 하루를 마감하며 오늘 하루 동안의 칭찬할 일과 감사한 일들을 적는 것이다. 두 번째는 긍정적인 일이 있을 땐 칭찬 일기에 적고 부정적인 일이 있을 땐 감사 일기에 적는 것이다. 이 말만 들으면 쉽게 이해가 가지 않을 수도 있다.

먼저 긍정적인 일이 있는 경우이다. 선약이 있어서 또 다른 약속 제안을 정중히 거절했을 경우, 모두를 위한 좋은 결정을 한 것을 칭찬한다. 또 나의 의견을 잘 얘기한 것을 칭찬하고 상대가 기분 나쁘지 않게 거절한 것도 칭찬해준다. 하나의 사건으로 칭찬할 수 있는 것들이 이렇게나 많다. 이중 약속을 안 한 것만 칭찬할 것이 아니라 나의 입장을 얼버무리지 않고 당당하게 표현한 것 등 내가 발전했다는 것을 근거할 수 있는 칭찬을 적는다. 부풀려 적는 것도 아니고 사실을 적은 것이기에 나중에 보아도 또다시 나를 칭찬할 수 있고 진심으로 기쁘다.

이제 부정적인 일이 있는 경우이다. 퇴근길에 버스를 타려는 사람이 너무 많아서 버스 두 대를 놓치고 집에 늦게 들어온 적이 있다. 이런 날은 시간을 손해 본 것 같아 기분이 나쁘기 마련이다. 그래서 다른 방향으로 바꿔 생각해보았더니 그래도 적을 것이 있었다. 퇴근길 버스 정류장에서 회사 동료와 대화할 시간이 생긴 것이 감사하고, 앞으로는 시간을 잘 체크해서 사람들이 몰리는 시간을 피할 수 있으니 감사했다. 부정적인 경험에서도 감사함을 느끼거나 얻을 것들이 있다는 위안을 받았다. 부정적인 경험이 감정이 상한 것에서 그치지 않고 소중한 경험이 되도록 만들어가는 것이다.

최소 칭찬 일기 3줄, 감사 일기 3줄을 적으려고 하고 그 이하를 적든 그 이상을 적든 크게 신경 쓰지 않는다. 의무가 되는 이상 스트레스가 생겨 지속하기 어렵기 때문이다. 두 가지를 다 쓰는 것이 부담되면 한 가지만 써도 좋다. 대신 손으로 직접 써보기를 권장한다. 스마트폰으로 작성하는 것도 간편하고 좋지만 손으로 직접 쓰게 되면 그 하루의 기억들이 더 소중하게 느껴지고 진심을 다해 적을 수밖에 없기 때문이다. 칭찬 일기를 쓰면서 나를 긍정적으로 보게 되었고, 감사 일기를 쓰면서는 마음의 평온을 얻게 되었다. 나의 몸으로부터 표출되는 행동과 말들이 옳은 것이라는 믿음이 생겼다. 또 나의 정신이 더 이상 나를 파괴하지 않도록 상황을 자제하여 받아들일 수 있게 되었다.

호기심에 작성하기 시작한 일기는 그 어떤 책이나 조언보다 훌륭한 치료제가 되어주었다. 다른 사람의 이야기는 그 사람의 경험과 그 사람의 처방이기 때문에 나에게 맞지 않을 수도 있지만, 일기는 나에게 완전 맞춤형이기 때문이다. 기록이 어느 정도 쌓인 뒤 나중에 보면 셀프 성장 일기를 보는 것 같아 흐뭇하고 쓰길 정말 잘했다는 생각이 든다. 요즘은 감사를 마음속으로 하루에 10개 정도 하는 대신에, 감사 일기는 안 좋을 일이 있을 때만 감정을 정리하기 위해 쓴다. 칭찬 일기는 두세 개라도 꼭 적는 것이 좋다. 나의 하루를 돌아보며 마음을 현재에 머물게 하기 때문이다.

나와 같은 좋은 결과를 얻길 바라는 마음에 친한 친구 두 명에게 칭찬 일기를 권유해보았다. 예상 밖으로 두 친구의 반응은 나뉘었다. 한 친구는 평소에 입만 열면 한숨을 쉬고 불만이 가득한 친구였는데 역시나 그런 것을 적는다고 현실에서 바뀌는 것은 하나도 없을 거라며 회의적으로 대답한다. 매우 안타까웠지만 본인이 스스로 느끼지 않는 한, 강요하는 것은 소용없단 걸 알기에 더는 권유하지 않았다. 다른 친구는 한번 해볼까 하고 며칠 적어보더니 매일 밤 일기를 적는 시간이 재밌다고 했다. 평소에 자신이 뭔가 잘한 일이 있기는 할까 하고 의심했는데 매일 한두 개씩 찾아 적다 보니 스스로에 대한 자신감이 생기고 너무 뿌듯하다고 했다. 나로 인해 친구도 선한 영향을 받게 된 것 같아 너무나 보람된 순간이었다. 불과 얼마 전까지만 해도 내 앞길만 생각하기 바빴는데 지인들과 함께 성장해갈 수 있다고 생각하니 큰 위안이 되어 더 이상 외롭지 않다.

매일매일 무언가를 적는다는 것에

거부감이 들거나 부담스러울 수 있어

그럴 때는 그날의 감정만

간단하게 체크해보는 건 어떨까?

일주일, 한 달 동안 어떤 기분을 주로 느끼는지 체크하면

적절한 비율을 맞추기 위해 어떤 노력을 시도하게 될 거야

내 존재의 가치를 깨닫자 ㅣ 나만의 길을 찾

아 걷자 ㅣ 남보다 내 감정에 먼저 공감하

자 ㅣ 혼자인 시간을 외로워하지 말자 ㅣ 이제

는 나쁜 감정을 버리자 ㅣ 모든 것을 다 하려고

애쓰지 말자 ㅣ 인생 버킷리스트를 작성하자

5장

나는 이제
나에게 중심을 두고
살아갈 것이다!

내 존재의
가치를 깨닫자

"'진실'은 존재하지 않아요. 모든 사람은 각자의 진실을 가지고 있죠.
그리고 인생은 그냥 흘러가요. 그게 제 이야기예요. 그게 바로 진실이죠."
— 영화 〈아이, 토냐(I, Tonya)〉, 2017

보이는 내가 아닌 진짜 나로 살겠다

친구들이 저마다의 이야기꽃을 피울 때 나는 아무 말도 하지 못하고 꿀
먹은 벙어리가 되었다. 지금까지 난 무엇을 했을까. 분명 열심히 달려왔
는데, 게으름 피우지 않고 열심히 눈치도 보고 충분히 아프고 극복하며
괴로워하던 시간들이었다. 하지만 그 가운데에 나는 없었다. 누구를 위해
서 열심히 살아온 건지, 왜 내 인생의 주인공이 내가 아니었는지 그 물음
을 지금에서야 하게 됐지만 한편으로는 지금이라도 하게 된 것이 다행이
라고 생각한다. 잘 살고 싶어서가 아니라 잘 살아 보이고 싶어서, 행복하
고 싶어서가 아니라 행복해 보이고 싶어서 발버둥 쳤다. 원하는 걸 이룬

다고 해도 행복하지 않았다. 내가 원하는 것이 아니기에…. 그렇게 남들의 시선을 의식하면서 아등바등 살았지만 결론적으로는 그 누구의 만족도 얻을 수 없었다.

이제 와서 후회해도 지나간 시간은 돌아오지 않는다. 목적이 무엇이든지 열심히 살았다는 사실은 변하지 않고 지금의 나를 있게 해준 시간임에는 틀림없다. 누구보다 보잘것없는 나날이었고 특별할 것 없이 지루한 순간이었지만 돌아보면 매 순간이 소중하다. 그런 순간순간이 쌓여 나를 만들었고 그마저 완전 엉망이 아닌 것에 감사하다. 살아온 날보다 살아갈 날이 더 많이 남았으니 지금부터 나에게 중심을 두는 삶을 살겠다. 내 인생의 무대 위에 나를 주인공으로 세우고 기쁨과 즐거움, 슬픔과 분노를 느끼며 진정한 삶을 살고 싶어졌다.

타인과 나의 관계에서 배려라면서 관계의 을이 되지 않으려 한다. 싸우기 싫고 설득하기 싫어서 배려라는 좋은 핑계 뒤에 숨어서 진 게 아니라 져준 것이라는 정신승리를 했지만 이제는 나 자신에게 솔직해지기로 한 만큼 소리를 내야 할 때는 내야겠다. 좋은 사람으로 남는 것이 뭐가 대수라고 연예인도 아닌데 이미지 관리하며 미움받을까 봐 조마조마했나 싶다. 내 이미지는 타인이 결정하는 것이 아니라 내가 결정하는 것이다. 나는 이제 '착한 호구' 이미지에서 '차근차근 할 말을 하는 똑 부러진' 이미지가 되겠다.

드라마나 영화에서도 악녀가 더욱 매력적이다. 그녀들은 원하는 것에 있어서 목적의식이 강하고 실행력이 뛰어나다. 물불 가리지 않는 것은 논외로 하겠지만 열정적인 것은 높이 사고 싶다. 타인보다 자신이 우선이고 불필요한 감정들을 빨리 정리하는 점이 부럽다. 그녀들처럼 100% 나를 위해서 살아갈 수 있을까? 적어도 그녀들은 죽을 때 후회는 없을 것이다. 원하는 것을 원 없이 해봤으니 말이다. 나도 후회하지 않는 삶을 살기 위해 내 위주의 삶을 살고 싶다.

나는 내가 순간순간 어떤 생각을 하는지 의식적으로 인지하려 한다. 습관적으로 눈치를 보진 않는지, 분위기를 깨지 않기 위해 싫은데 좋다고 하진 않는지 잘 살펴야 한다. 오랜 습관은 쉽게 고치기 어렵지만 모르고 있는 것과 알고 있는 것은 확실히 다르다. 의식하는 순간 무의식적으로 흐르던 그 습관은 잠시 멈추기 때문이다. 이것저것 하기 귀찮다고 놔버리는 순간 모든 것이 원점으로 돌아갈 것이다. 평생 노력해야 하는 것도 아니니 가까운 미래의 나를 생각하며 나를 가다듬자.

누구처럼 되기보다 유일무이한 나의 존재 가치를 깨닫자

내가 주인공인 삶을 살기로 하면서 엑스트라를 위해 필요 이상의 에너지를 쓰지 말자. 나는 타인에게 매우 민감하게 반응하기 때문에 아주 작은 소리만으로도 스트레스를 받는다. 무언가 집중을 해야 할 때 굉장히 난감하다. 특히 도서관이나 서점 같은 조용한 공공장소에서는 청각세포가 하나씩 살아나는 것처럼 예민하다. 주변에 에너지를 많이 소모해버리면 나에게 쓸 에너지가 바닥나버린다. 사람에 지치고 무기력해지고 혼자 있고만 싶어진다. 결국은 나로 인해 고립되는 것이기 때문에 좋을 것이 없다. 이어폰으로 백색소음을 듣는다든지 적응하기 위해 비슷한 환경에 자주 노출하는 시도를 하며 점점 나아지고 있다.

환경의 변화로 인해서 내가 흔들리지 않기 위해서는 내가 살아가는 이유가 다른 곳에 있어서는 안 된다. 내 삶의 이유가 부모님, 자녀, 애인, 반려동물, 연예인 등이 되어서는 안 된다는 것이다. 이들은 분명 살아가는 데 힘이 되어주는 특별한 존재임에는 틀림없다. 하지만 지나친 의존이나 기대를 하다가 그 대상이 잘못되거나 큰 실망감을 주었을 때 자기 자신까지 함께 무너지는 것을 많이 보았다. 우리 부모님들 중 자신이 잘되지 못한 한을 자녀에게 병적인 기대 심리로 나타내는 경우가 가끔 있다. 그러다가 자녀가 반항하고 자기의 삶을 살겠다고 뛰쳐나가면 세상이 무너진 것 같고 자기 인생을 실패한 것으로 여긴다. '나는 나, 너는 너'라는 역할 분리를 정확히 함으로써 나다운 삶을 시작할 수 있다.

길을 지나가다 보면 요즘 내가 생각하는 것만 눈에 들어오는 경험을 자주 한다. 운동화를 바꿀 때가 됐으면 사람들이 신은 운동화만 눈에 보이고, 살을 빼고 싶으면 마른 사람들이 눈에 밟힌다. 내가 관심 있는 것에 마음이 온전히 쓰였기 때문이다. 이는 사람을 생각할 때도 같다. 좋은 사람을 생각하면 기분이 좋고 미소가 번지듯이 싫은 사람을 생각할수록 내 마음과 표정이 점점 어두워진다. 남을 미워하는 것만큼 자신에게 괴로운 벌은 없다. 남을 미워하느라 시간을 쓰고 표정을 잃지 말라. 밝고 긍정적으로 살기 위해 좋은 것, 좋은 사람만 생각하라.

또한 나의 존재 가치에 조건이 붙지 않아야 한다. 무언가 대단한 업적을 이루었을 때 살아 있어 마땅하고, 아무것도 하지 않은 나는 존재 가치가 없다고 치부하는 것은 인간을 기계 취급하는 것이다. 우리는 존재 자체로도 충분히 가치가 있다. 이미 태어날 때부터 천문학적인 수의 경쟁률을 뚫었고, 부모님은 우리가 걷지도 못할 때 그저 건강하게만 자라달라며 우리를 존재 자체만으로 사랑하셨다. 하지만 우리는 사회가 임의로 만들어놓은 기준에 못 미치는 사람은 살아남을 수 없다는 잘못된 인식 속에서 스스로를 등수 매기며 하찮은 존재라 여기게 되었다. 그래야 더 높은 곳으로 가기 위해 돈을 쓰기 때문이다. 문제는 공장에서 만들어진 기준에 맞춰봤자 다 똑같은 인형이 될 뿐이라는 것이다.

우리는 서로 다르기 때문에 인간이다. 그러므로 나는 누구와 비교불가하다. 내가 그토록 닮고 싶어 하는 대상도 누군가를 좇고 있으며 그가 완벽한 사람이라는 절대적인 기준도 없다. 이 세상에 하나밖에 없는 나를 위해 내가 해줄 것이 끝없이 있는데 옆 사람과 내가 같아지길 바라며 나를 망치는 행위를 멈추길 바란다. 다른 사람과 같아지길 바라는 것은 나를 없애는 일이라는 것을 기억하자.

나의 자존감 연대기

내 인생의 연대기를

진지하게 그려보길 바라

크고 굵직한 몇몇 사건들이 있었고

내가 어떻게 대처했으며

그 결과 지금의 나에게 어떤 영향을 주었는지가 연결돼

히스토리를 알고 나면

나의 중심 기둥이 선명하게 잡히면서

전에 보이지 않던 기준도 보이고

확실히 덜 흔들리게 해주는 것 같아

나만의 길을
찾아 걷자

"가끔은 천천히 걸어도 되지 않을까?"
– 영화 〈걷기왕〉, 2016

나의 기준에서 틀어져도 예민해지지 않으려 한다

물속에서 끊임없이 물갈퀴질을 하지 않으면 가라앉는 것처럼, 두 손 가득 꽉 잡고 있던 미련을 놓아버리면 나는 아무것도 아닌 게 되어버릴 것 같았다. 조금은 마음의 여유를 갖고 살아도 될 텐데 너무 예민하게 지냈던 시기가 있었다. 한때 세상을 상대로 피해망상에 빠져 나 외의 모든 주변 사람을 적으로 생각했다. 가족도 친구도 예외는 아니었다. 지금 생각하면 바보 같고 부질없는 짓이라는 걸 알지만 지금의 상태까지 올 수 있었던 과도기가 아니었나 싶다. 상처받아 움츠리고 살던 과거에서 벗어나 밝고 새롭게 살고 싶지만 그동안 나를 눌러왔던 주변 사람들에 대한 분노

나의 자존감 연대기

나 예민함이 자라나려고 한다면 이 글을 참고하길 바란다.

순간적으로 욱하는 마음을 억누를 수가 없었다. 남동생과 집에서 함께 밥을 먹는데 남동생이 물을 엎지르면서 놀라서 반찬을 쏟은 적이 있다. 물이 나에게 튀지도 않고 반찬이 묻지도 않았는데 나는 순간 화를 참지 못하고 왜 이렇게 조심성이 없냐며 빨리 치우라고 소리를 질렀다. 그 당시에는 물건이 바닥으로 떨어지거나 종이가 찢어지는 등 상황이 원하는 대로 깔끔하게 끝나지 않고 부정적인 상태가 되면 나도 모르게 신경질이 났다. 항상 터질 준비가 돼 있는 폭발물같이 아슬아슬했다. 나중에 진정되고 나니 그깟 물 때문에 세상에 하나밖에 없는 남동생에게 화를 낸 것이 너무나 미안하고 부끄러웠다.

미국의 영화나 드라마에서 아이가 컵을 깨트리거나 넘어지면 부모가 가장 먼저 하는 말이 있다. "괜찮니?, 안 다쳤어?"라는 말이다. 그런 반응이 나온다는 것은 머릿속에서 우선순위가 항상 자녀에 맞춰져 있기 때문이다. 나를 비롯해 많은 사람들이 그러지 못한다는 것을 잘 안다. 우리 부모님도 그래왔으니까. 나의 우선순위에 '남동생 〉 물'이라는 간단한 수식을 정립하지 못했다. 예를 들어 다 같이 소풍을 가서 김밥을 먹다가 떨어뜨리면 어머니가 참기름이 묻은 내 옷과 못 먹게 된 김밥 때문에 나에게 화를 내는 것과 같은 상황인 것이다. 그래서 그런 상황이 생기더라도 속으로는 욱하지만 몇 초라도 생각을 한 뒤 말을 뱉고 있다. 무엇이 더 중요한지를 보고 충동적인 분노 표출을 자제하기로 한 것이다.

식구들이나 친구나 직장 동료나 심지어 모르는 사람이 나에게 작은 실수를 했더라도 쿵쿵 뛰는 심장을 잠시 내려놓고 차분해지려고 애쓴다. '그럴 수도 있지, 나도 언젠가 실수할 텐데 내가 너무 예민하게 구는 것 같네.'라고 되뇌면서 무엇이 더 중요한지 옳은 가치판단을 하고 이성적으로 표현하려고 한다. 감정적으로 행동하고 나면 항상 후회하는 것처럼 이성적으로 행동한 뒤에는 항상 그러길 잘했다고 느낀다. 감정 조절이 잘 되어가는 것 같아 안심도 된다. 또 다른 사람에게 상처 줄 수도 있는 일을 현명하게 잘 대처했다는 생각에 나라는 사람이 꽤 괜찮아지는 것 같아 기분도 좋다.

또 하나는 남들에게 비치는 나의 모습을 정해두지 않는 것이다. 지금도 완전히 떨치기 힘든 안 좋은 습관 중에 하나가 착한 아이 콤플렉스다. 좋은 사람이 된다는 것은 좋은 일이다. 하지만 좋은 사람으로 비치고 싶어서 아등바등 살아가는 것은 진짜 내 삶이 아니다. 내 할 일만 하기도 시간이 모자란데 남의 부탁을 거절 못 하고 날 안 좋게 볼까 봐 그 와중에 할 말도 못 하며 해준다. 도대체 무엇 때문에 좋은 사람으로 보이려는 것일까? 부탁을 잘 들어주고 뭐든지 오케이 하면 좋은 사람일까? 다시 말하

나의 자존감 연대기

지만 좋은 사람과 호구는 다르다. 말과 행동에 진정성이 있고 주관이 있으며, 적당한 배려와 적당한 눈치가 있는 사람이 내 기준에 좋은 사람이다. 주변에 뭐든지 다 들어주는 사람이 있으면 좋아서 해주는 건지 싫어도 속으로 욕하면서 그냥 해주는 건지 헷갈린다. 그래서 나도 좋고 싫음의 구분을 하는 사람이 되려고 한다.

남이 바라는 나로 살지 마라

몇 년 전 옆집에 살던 사람은 본인의 생활 패턴 때문에 내가 밤에 세탁기 돌리는 것을 원했지만 건물 주인은 건물 전체의 소음으로 생각했을 때 낮에 돌리기를 원했던 것처럼 나의 행동이 모두를 만족시킬 수는 없다. 만약 양쪽 모두에게 피해를 덜 주려고 낮과 밤의 중간쯤 애매한 시간에 세탁기를 돌렸다면 모두 싫어했을 것이다. 나는 모두에게 좋은 사람이고 싶고 피해를 주기 싫지만 그러기란 정말 어렵다. 애매한 행동을 하다가 도리어 적을 늘리지 말고 옳다고 생각하는 쪽을 밀고 나갔으면 한다. 적어도 절반에겐 좋은 사람이 될 테니.

사소한 것에도 신경 쓰는 성격이어서 그런지 나의 일이 아닌 것도 굳이 들여다보고 사서 스트레스를 받는다. 낮 동안 슬프거나 화나거나 짜증 나는 일이 있어도 잘 때 되면 모든 생각을 일단 접고 잘 자는 사람이 부러웠다. 나는 한 가지에 꽂히면 생각의 끝을 봐야 잠에 드는 성격이라 생각을 떨치려고 하는 것보다 차라리 집중해서 결정을 내리고 잠에 드는 게 더 빨랐다. 예를 들어 잠자기 전에 다이어트를 시작해야겠다는 생각이 들면 당장 종이와 펜을 들고 식단은 어떻게 할지, 운동도 할 건지, 기간은 언제까지 할지, 식재료는 어디서 구할지 등을 알아봐야 편하게 잠이 들 수 있다. 이건 내 일이니까 이럴 수 있다 쳐도 주변에서 식단 조절을 한다고 하면 그 사람의 몫까지 생각을 대신해주니까 문제가 커지는 것이다.

운전할 때 내비게이션과 굳이 반대로 가서 시간이 두 배로 걸리는 사람, 만지지 말라고 적혀있는 진열 상품이나 작품을 굳이 한 번씩 다 건드리고 가는 사람 등 이해할 수 없는 독특한 사람들이 주변에 꽤 있다. 그런 이해할 수 없는 사람들을 보면서 '왜 그러지? 도대체 왜 저러는 거야.' 하며 이해하려고 쓸데없는 감정 소모와 시간 낭비를 한다. 그러니 사람이 많은 곳에 갔다 오면 머리가 쉴 틈이 없어 피곤한 것이다. 나와 관련 없는 일들로 신경 쓰고 스스로를 괴롭히지 말고 멀찍이 제삼자 입장에서 쳐다보는 정도로 끝내야 한다. 내게 세상 모든 일에 간섭하고 해결하고 중재할 수 있는 능력은 없다. 과거와 미래를 왔다 갔다 하며 쓸데없는 걱정을 하지 않고 현재에 집중하는 것이 중요한 것처럼, 현재에서도 타인을 신경 쓰는 비중을 줄여서 나에게 조금 더 집중하도록 하자.

남이 바쁘게 살든 게으르게 살든 나의 길을 걸어가면 된다. 각자 사정이 있고 삶의 패턴이 다르기에 조급해하지 말고 한걸음 물러서서 침착히 걷자. 빨리 달리는 사람, 예쁜 길만 가는 사람과 비교하며 무기력에 빠지면 안 된다. 무기력에 빠지는 이유는 남이 바라는 나로 살고 있기 때문이다. 천천히 걷고 싶은데 사람들은 빨리 달려가는 걸 좋아하니까 무작정 달린다. 하지만 숨이 차기만 하고 달린다는 사실 그게 전부다. 저 드라마 요즘 인기 많던데 나만 못 보고 있는 것 같아서 잠도 줄여가며 다시보기로 시청을 하고, 친구들이 내 얼굴이 통통해진 것 같다고 해서 생각도 하지 않던 다이어트를 결심한다. 남들 다 여름에 해외여행 다녀와서 인스타그램에 인생 샷 올리는데 나도 가야겠다며 적금을 깨고 'YOLO life'를 외친다. 그런 사람들에게 묻고 싶다. 당신의 수면시간보다 드라마 얘기로 수다에 한마디 동참하는 것이 보람되는지, 남들이 말랐다고 하면 반대로 살을 찌울 것인지, 남들에게 사진을 보여주기 위한 여행이었는지 말이다.

손에 쥐고 있는 스마트폰 속의 SNS 때문에 맛집에서 친구와의 약속을 잡고, 그리 원하던 것도 아닌 것에 돈을 쓰게 된다. 하지만 그로 인해 주변 사람이 반응을 한다면 나의 결정이 바보 같진 않았다며 안심을 하지 않는가? 앞사람 뒤통수만 보고 사는 것 같다면 한 걸음 물러서서 위로 올라가라. 앞과 뒤와 옆을 잘 번갈아 보며 중심을 잡고 걷는다면 더 이상 주변에 흔들리지 않을 것이다.

내가 가는 이 길이 바른 길인지는 아무도 몰라

끝까지 가봐야만 알 수 있어

결과가 좋으면 그 선택도 좋은 선택이었던 것이고

결과가 안 좋으면 안 좋은 선택이 되는 거지

그러니까 이왕이면

걸어간 길이 맞다는 확신을 가지고

멈추지 말자

남보다 내 감정에
먼저 공감하자

"미쳤다는 게 제대로 된 삶을 사는 거라면 난 미쳐도 상관없어."
– 영화 〈레볼루셔너리 로드(Revolutionary Road)〉, 2008

분위기만 살피며 살았던 지난날들

우리 사회는 분위기를 파악하는 것이 매우 중요하다고 가르쳐왔다. 튀지 않고 무난한 사람이 사회생활하기 좋은 사람이라 했다. 물론 어느 정도 맞는 말이고 일리도 있다. 하지만 대세를 따르라는 것에서 그치지 않고, 개인의 감정을 참고 숨겨야 함을 당연시했기 때문에 우리는 드러내는 것보다 감추는 것에 능숙해졌다. 너무 자주 웃는 것도 가벼워 보인다 하여 어느샌가 점점 무표정이 되고 활짝 웃는 것이 어색해질 정도가 됐다. 예전에 뉴스에서 웃으면 몸에 이로운 호르몬이 생성되어 건강해진다고 하며 많이 웃는 것을 권장하는 기사가 나왔다. 그래서 오랜만에 웃어보려고 예능을 찾아보고 웃긴 동영상을 보았지만 피식할 뿐 크게 웃지 못했다. 어떻게 하면 크고 환하게 웃을 수 있는지도 잊은 것 같아 안타까웠다.

부정적인 기분을 드러내는 것은 주위 사람들의 기분까지 망칠 수 있어서 하면 안 되는 것으로 인식되어 있다. 하지만 주변을 보면 보살처럼 인내하는 사람이 있는가 하면 한 방울의 감정도 남지 않을 만큼 투명하게 내비치는 사람도 있다. 하고 싶은 말, 순간의 감정을 여과 없이 지르는 사람이 부러울 때가 많다. 하지만 어느 쪽이든 너무 과하면 결국 자신에게 좋지 않으므로 적당한 선을 찾는 것이 중요하다. 순간적으로 감정 조절이 안 되어 욱하는 것을 그때그때 나타내는 것은 충동적인 사람으로 보일 수 있어 안 하는 것이 좋다. 그렇지만 타인에게 심하게 무시를 당하거나 비판적인 말을 듣는 등 고의적으로 나를 공격했을 때는 그것이 실례가 되고 기분 나쁘다는 걸 알려주기 위해 표현을 해주는 것이 좋다.

내가 잘못한 것도 아닌데 지적받았을 때가 있다. 상대에게 잘못 알고 있는 것이라고 사실대로 말하면 상대방이 무안해할까 봐 억울한데도 밝히지 않고 그냥 참고 넘어간 적이 있다. 물리치료실에서 물리치료 보조 아르바이트를 했을 때의 일이다. 치료 선생님과 치료 보조를 두 팀으로 나눠서 점심시간에 차례로 쉬는 시스템이었다. 나는 그날 속이 안 좋아서 식사를 포기하고 남는 침대에 누워 쉬기로 했는데, 다른 팀의 선생님이 나와서 일을 하라고 했다. 다른 팀의 점심시간이 되고 식사를 하고 오신 선생님이 그제야 본인이 나의 점심시간을 착각하신 것을 눈치채셨다. 속으로 자기를 욕한 거 아니냐며 왜 바보같이 꾹 참고 말을 안 했냐면서 괜히 미안해진다고 하셨다.

이렇게 나처럼 말해도 되는 상황에서까지 일부러 참는 것에 내성이 생기다 보면 곪아 터지는 날이 온다. 정말 아무것도 아닌 일 때문에 펑펑 눈물이 나는 일이 생긴다. 내 한계의 높이가 1m라면 10cm씩 쌓이는 스트레스를 열번 참아도 터지지 않는다. 하지만 1m가 꽉 찬 뒤에는 사소한 1mm의 스트레스도 참지 못하고 그동안 참아왔던 것이 모두 흘러넘쳐버리는 것이다. 꽉 차서 흐를 때까지 모르고 놔두지 말고 자주 들여다보며 감정을 해소시켜줘야 한다. 평소 슬픈 영화를 좋아하지 않지만, 울고 싶어도 눈물이 나지 않을 때는 슬픈 영화를 찾아서 본다. 그럼 기다렸다는 듯이 마음 깊은 구석에서 뜨거운 눈물이 흐른다. 다 울고 난 뒤에는 가슴이 텅 빈 것처럼 시원하다. 그릇을 비워서 마음이 무겁지 않고 가볍고 여유롭게 나를 대할 수 있다.

본인이 싫어하는 것을 완벽히 인지하는 사람이 많을까? 난 내가 좋아하는 건 몰라도 싫어하는 건 잘 안다고 생각했다. 하지만 이 역시도 참아 와서 무엇을 싫어하는지조차 헷갈리는 경우가 많았다. 회사를 다니면서 팀장님과 과장님을 챙기는 것을 만사 제치고 1순위로 했었다. 먹을 것이 선물로 들어오거나 회식을 하거나 뭔가를 드릴 것이 생기면 무조건 팀장님과 과장님부터 챙겨서 당시 예쁨도 받았고 그분들이 좋아하시면 왠지 내 마음이 안심되었다. 하지만 그분들을 편하게 생각한 적은 한 번도 없고 오히려 예쁨을 받았지만 극도로 어려워했다. 일하다가 실수를 하면 얼굴이 파래지고 식은땀이 나면서 팀장님과 과장님의 굳은 표정이 떠오르는 공포 그 자체였다. 그때 잘못 알고 있다는 걸 알았다. 나는 팀장님과 과장님을 좋아해서 잘 챙겨드리는 게 아니라, 실수해서 혼나고 민폐 끼치는 것을 굉장히 싫어했던 것이다.

메마른 감정을 깨우기 위해 소리 내어 말하라

싫어하는 것을 제대로 알고 난 후로 윗사람을 신경 쓰는 것보다 업무에 집중하는 것이 더 효율적이겠다는 결론을 내렸고 불필요한 행동을 줄이게 되었다. 싫어하는 것을 파악하여 안 하는 것이 중요한 것은 아니다. 적어도 내가 좋아하는 것과 싫어하는 것을 구분할 줄을 알아야 내 행동에도 우선순위가 생기고 결정의 순간에도 후회가 적은 선택을 할 수 있다. 나를 제대로 아는 것이 그만큼 중요하다. 분리해서 봐도 모든 것은 하나로 이어져 있다. 다른 사람의 마음은 다 알 수 없지만 내가 나만큼은 제대로 확실히 알아야 하지 않겠는가.

나의 자존감 연대기

슬프고 우울한 사람은 식욕도 없고 무얼 먹어도 쓴맛이 느껴지는 것처럼, 행복하다고 느끼는 사람은 식욕도 좋고 모든 음식이 맛있게 느껴진다. 달고 짜고 맵고 시고 등 여러 가지 맛을 느끼는 것이 중요한 것처럼, 기쁘고 슬프고 짜릿하고 행복한 여러 가지 감정을 많이 사용해야 사고도 정체되지 않고 유연해진다. 이쯤에서 반문하는 사람이 생길 것이다. 매일 똑같이 학교 다니고 회사 다니고 집안일을 하면서 그럴 일이 생길 수 있냐고 말이다. 문제는 그런 일들이 생기길 기다린다는 것이다. 팔짱 끼고 앉아서 기다린다고 기쁜 일이 찾아오지는 않는다.

그동안 우리는, 아니 나조차도 자신의 감정에 매우 인색해왔다. 그래서 나는 식당에서 밥이 나오거나 카페에서 음료가 나올 때 두 손으로 조그맣게 손뼉 치며 '와아' 하고 감탄을 하기 시작했다. 처음엔 손뼉 치는 것에서 그쳤지만 시간이 지날수록 '정말 맛있겠다, 잘 먹겠습니다, 기분이 좋아지네.' 등의 말을 하며 먹었다. 이런 말을 함으로써 상대방보다 나 스스로 기분이 좋아지는 걸 느끼게 되어서 다른 모든 상황에서도 사용하고 있다. 어머니가 음료수를 사 오셨을 때 "뭔가 마시고 싶었는데 너무 맛있겠어요."라든지, 동생이 심부름을 해주었을 때 "귀찮을 텐데 해줘서 너무 고마워."라는 말을 한다. 굳이 안 해도 상대방이 알 것이라고 생각해서 실제로 잘 안 하는 말이다. 하지만 나의 입을 통해 직접 뱉었을 때 나도 감사하는 마음과 기쁜 마음이 생기고 듣는 사람도 보람을 느끼니 정말 좋은 방법이다.

느끼고 싶은 감정을 먼저 입으로 읽어라. 그러면 읽은 대로 내 머리가 받아들일 것이다. 평범한 일상을 기쁘게 받아들이고 싶다면 '아주 기쁘다' 라고 상황을 읽는다. 그럼 정말 그 일상은 기쁜 일이 되어 남을 것이고 가능한 여러 가지 감정을 골고루 읽는다면 단단하게 굳었던 마음이 말랑말랑해지는 것을 느낄 것이다. 우리는 엄마가 김치찌개를 끓여주셨다는 일상에서 단지 식사시간이 되었을 뿐이라는 것만 인지한다. 이렇게 눈에 보이는 것 자체만 읽다 보면 어떤 좋은 일이 생겨도 즐겁지 않고 당연하게 느껴진다. 나에게 일어나고 있는 모든 현상에 감탄을 일상화하는 것이 진짜 나를 찾는 방법이다.

감정을 참는 것에만

너무 오랫동안 길들여져 왔기 때문에

한 번에 명확하게 떨어지기가 어려워

습관적으로 익숙한 감정을

떠올리는 것은 아닌지

계속 들여다보는 관심이 필요해

혼자인 시간을
외로워하지 말자

"난 갈 데가 없는 게 아니라 여행 중인 거야."
— 영화 〈소공녀〉, 2017

혼자 있는 시간은 외롭고 우울한 것이 아니라

비로소 편해지는 시간이다

솔로일 때 주변에서 가만히 놔두지 않는다. 남자 친구 왜 안 만나냐, 애
인 없으면 안 된다 등 부족해서 혼자인 것처럼 얘기하는 주변 사람들이
꼭 있다. 대학을 다닐 때 이별을 한 뒤에 며칠 있다가 이성 친구가 금방
생기고 헤어지고 나면 또 금방 생기는 아이가 있었다. 내 친구가 그 아이
와 친구여서 들었는데 그 아이는 상대방이 사귀자고 제안을 했을 때 자기
에게 남자 친구가 없으면 승낙을 한다고 했다. 그 얘기를 들으면서 우리
가 이렇게 의존적인 존재였나 하는 생각이 들었다. 나는 이성 친구와의

교제를 안 좋게 보는 사람이 아니다. 그렇다고 솔로 옹호자도 아니다. 하지만 혼자만의 시간이 주어지면 불안해하고 항상 누군가와 연락하고 만나고 같이 있어야만 한다는 것은 그리 좋은 것 같진 않다.

나는 남자친구가 있을 때에도 가끔은 혼자만의 시간을 갖는다. 친구들과 선약이 없는 날은 보통 남자친구와의 약속을 잡지만, 나는 데이트할 수 있는 날의 20~30%를 나에게 쓴다. 남자친구가 별로 좋아하지 않는 장르라서 같이 못 봤던 영화를 혼자 본다든지, 다 못 읽은 책을 마저 읽든지, 뒹굴뒹굴하면서 밀린 잠을 잔다. 이렇게 나에게 시간을 쓰고 내가 하고 싶었던 것을 하거나 혼자 온전히 쉬며 충전하면 이성 친구를 만날 때도 더 집중해서 잘 만날 수 있다. 또 내가 누군가에게 의존하는 사람이 아니라는 것을 느끼면서 자존감도 높아진다. 내가 나에 대해 진정으로 알 수 있는 시간은 혼자 있는 시간이다. 내 앞에 있는 사람에 의해 평가되고 또 그것이 전부라는 생각에 갇혀버리면 평생 남을 의식하며 살 수밖에 없다. '누가 뭐래도 나는 나야.'라는 신념을 가지고 인생에서 나를 1순위에 놓아보자.

내가 바로 과거에 지나치게 의존적이었던 사람 중에 한 명이었다. 이제는 혼자만의 시간이 주어졌을 때 혼자서 활동을 하나씩 해보는 재미에 빠졌다. 혼자 영화관에 가서 팝콘 큰 사이즈 먹으며 영화도 잘 보고 혼자 식당 가서 밥도 잘 먹는다. 그리고 가급적 혼자 있을 때 스마트폰에 의지하지 않으려고 한다. 어쩔 수 없이 혼자 있는 것이 아니라 내가 선택한 모처럼의 시간이니 최대한 나에게 자유를 주고 싶다. 혼자 있는 시간은 외롭고 우울한 것이 아니라 비로소 편해지는 시간이다. 가끔 머리가 복잡할 때 생각을 비우러 바람을 쐬고 산책을 하는 것처럼 자신에게 주기적으로 혼자만의 시간을 주는 것은 매우 중요하다.

혼자가 두렵고 누군가에게 의지하고 싶다는 것은 내면의 나와 잘 지내는 법을 모르는 경우가 많을 것이다. 실컷 외로움도 느껴보고 그런 나와 놀아주고 나의 진심을 들을 수 있는 유일한 시간이다. 의존적인 사람들은 본인의 선택을 책임지기 싫어서 혼자 있는 것을 피한다. 타인에게 내 삶의 결정권을 모두 줘버리고 기댄다면 매 순간 흔들릴 수밖에 없다. 거절당하기 두려워서 상대에게 다 맞춰주는 것은 사랑받기 위해 떼를 쓰는 것과 같다. 애정 결핍도 그렇다. 그러므로 자기 자신을 칭찬하고 응원하고 틀려도 괜찮다고 다독이면서 본인의 선택을 책임지려고 노력하자.

시간이 남을 때 나를 돌보는 것이 아니라
시간을 내어서 나를 돌보아야 한다

2년 전쯤 친구가 자기의 남자친구와 같이 밥을 먹자고 해서 만난 적이

나의 자존감 연대기

있었다. 셋이서 저녁 식사를 하는 자리였고 친구의 남자친구와 나는 심지어 처음 만났는데도 내 앞에서 친구에게 함부로 대하고 말을 거칠게 하는 모습을 많이 보여주었다. 짐작하건대 남자가 친구에게 마음이 많이 떠난 듯했다. 다음 날 친구에게 그런 사람을 왜 만나냐며 속상해서 한마디 했는데 오히려 친구는 그 사람 없으면 죽을 것 같다며 헤어지는 것은 상상할 수 없을 만큼 힘들 것 같다고 했다. 원래 사람과의 관계에서 헤어짐이라는 것을 잘하지 못하는 친구다. 헤어지는 것은 버려지는 것이라 여기고 세상에 혼자 남는 것 같은 견디지 못할 외로움이라 받아들였다. 마음이 너무 아팠다.

하지만 친구의 남자친구는 내 친구를 떼어내려고 상처 주는 행동을 끊임없이 하였고 버티다 못해 결국 헤어지게 되었다. 헤어짐의 아픔도 결국 시간이 지나면 자연스레 해결될 텐데 지금 생각하면 붙잡고 있던 시간이 아깝다고 했다. 그 뒤로 그 친구도 나도 이성 친구나 시끌벅적한 인맥 같은 것에 연연하지 않는 삶을 살고 있다. 가끔 만나면 서로 잘 지내고 있는지 근황을 전하고 응원해주며 우린 잘될 거니까 일도 사랑도 때가 되면 열심히 하기로 다짐을 한다.

타인에 의해 혼자가 된다는 것은 내 의지가 아니기 때문에 받아들이기 힘들고 외로울 수 있다. 그런 사람들 중에서도 곧 방향을 잡고 자신의 자리로 금방 돌아오는 사람이 있는데 바로 정서적으로 심하게 얽혀 있지 않고 독립이 잘된 경우가 그렇다. 또 중요한 타이밍에는 자발적으로 고립되어 집중해서 목표를 빠르게 이루고 다시 고립에서 벗어나 일상으로의 복귀를 잘하는 사람이 있다. 순전히 본인의 의지로 고립되기 때문에 경계를 넘나드는 것이 자유롭다. 이와 반대되는 사람은 고립에 취약하기 때문에 그런 상황에 놓였을 때 자신을 과소평가하며 방황하게 된다. 혼자 놓였다는 부정적인 생각에 사로잡혀 목표가 흐릿해진다.

다시 말해, 혼자 있으면 무얼 해야 할지 모르기 때문에 불안하고 누군가와 같이 있으면 안심이 된다. 처음의 어색함을 잘 보내면 혼자 있는 시간은 결코 외톨이가 된 것이 아님을 느낀다. 각자 목표를 향해 갈 수 있는 시간을 만드는 것이다. 애인이 있든 없든 나만 똑 떼어서 따로 놔도 괜찮을 만큼 나를 정서적으로 독립시키자. 그렇다고 해서 극단적으로 무리에서 벗어나라는 뜻이 아니다. 기본적으로 함께 생활하되 일과 사람에 둘러싸여서 꽉 막힌 것 같은 기분이 들면 즉시 떨어져 있어 보라는 것이다. 전업주부 분들 중에 자신의 의지가 아닌데 혼자 고립되어 우울증이 오는 사람이 있는 반면, 사람과 집안일에 둘러싸여 숨 쉴 곳이 없어 우울증이 오는 경우도 많다. 방마다 식구들이 있고 집안 곳곳마다 일거리가 산더미같이 쌓여있는데 감정이 해소될 리가 없다.

나의 자존감 연대기

고립과 해소를 반복하면서 우리는 성장한다. 항상 고립되어 있으면 막혀 있고 항상 해소되어 있으면 발전이 없다. 고로 앞만 보며 후회 없이 달려보기도 하고 잠시 쉬면서 걸어가기도 해보자. 매일 똑같은 삶이 지겹다고 말하면서도 새로운 시도를 하라고 하면 어색하고 낯설다면서 거부한다. 그러면서 무언가 바뀌기를 바라는 것은 모순이다. 다음 주 주말부터 나에게 시간을 내어주도록 하자. 시간이 남을 때 나를 돌보는 것이 아니라 시간을 내어서 나를 돌보아야 한다. 예전의 나로 다시 돌아가고 싶지 않다면 말이다. 혼자가 되어보는 것은 인생을 헤쳐나가는 내성을 기르는 연습이니 절대 외로워하거나 우울해하지 않았으면 한다.

나는 힘들 때 사람을 만나고 싶어져

아무래도 의지하는 성격 때문인가 봐

힘들다고 투정도 부리고

위로도 받을 수 있는 상대가 필요한 거지

사람이 그리워진다면

내게 힘든 일이 있다고 생각하고

외로움으로 번지기 전에

몸과 마음에 휴식을 주자

이제는
나쁜 감정을 버리자

"고개를 들고 심호흡 한 번 하고 나면 더 많은 기회가 생길 거예요."
– 영화 〈인턴십(The Internship)〉, 2013

머물러 있는 생각의 시선을 다른 곳으로 옮겨라

트라우마를 평생 떠올리며 사는 사람, 최근의 안 좋았던 일이나 미워하는 사람을 잊어버리지 못하는 사람들이 원하는 것은 한 가지다. 바로 깨끗이 잊는 것이다. 좋았던 기억들은 비교적 쉽게 잊히는데 왜 안 좋은 기억들은 잊어버리려 할수록 머릿속을 떠나지 않고 우리를 괴롭히는 걸까. 이유는 지극히 과학적이다. 우리의 뇌는 핵심 단어는 받아들이지만 '안 돼'라는 말은 인지를 못 한다고 한다. 그렇기 때문에 '돼지라고 놀림당한 걸 기억하기 싫다.'라고 생각한다면, '돼지'만 기억에 남고 '기억하기 싫다'는 의미가 없는 말이 되는 것이다. 그래서 잊으려고 노력할수록 머릿속에

각인을 시키는 것과 같은 이치이다.

그렇다면 나쁜 감정을 당장 버리고 싶은데 그것이 가능할까? 꼬깃꼬깃 구겨서 휴지통에 던져버리고 싶지만 그렇게는 하지 못한다. 하버드대학교에서 기억에 관한 유명한 실험을 하였다. 그룹을 A와 B로 나누고 북극곰을 머릿속으로 생각하라고 한 뒤 두 그룹에게 '겨울' 하면 떠오르는 것을 최대한 많이 적으라고 했다. 그리고 A그룹에게는 북극곰을 생각하지 말라고 하였다. 결과는 B그룹보다 A그룹이 북극곰을 더욱 많이 떠올렸다는 것이다. 떠올리지 않으려고 할수록 그 기억에 집착되어 더욱더 생각할 수밖에 없는 것이다. 그러니 어떠한 감정으로부터 자유롭고 싶다면 이 두가지 방법을 활용해보자. 현존하는 방법 중 가장 효율적일 것이다. 하나는 그 생각을 맘껏 해도 된다고 인지한다. 잊고자 하는 그 감정이 나를 해치지 않으므로 제한을 두지 않고 떠오르는 대로 수용하기로 한다. 다른 하나는 그 감정과 관련 없는 새로운 활동을 하는 것이다. 친구를 만나거나 맛있는 것을 먹거나 영화를 보는 것 등이 있다.

그 감정을 잊으려고 노력하지 않고 그대로 두면서, 관련 없는 행위를 함으로써 생각이 저절로 다른 곳을 향하게 하는 방법이다. 나의 경우도 실연을 당하고 나서 그 기억으로부터 최대한 멀어지기 위해 바쁘게 살려고 할 일을 만들거나 사람들과 약속을 잡고 만났던 기억이 있다. 옷장의

나의 자존감 연대기

옷을 다 꺼내 정리를 한다든지 화장실 대청소를 하면 잠시라도 그 감정으로부터 벗어날 수 있고 여러 번 반복되면 저절로 나쁜 감정과 멀어져 있는 것을 확인할 수 있다. 드라마나 영화에서 주로 나오는 장면이 있는데 괴로운 일이 있을 때 술을 마시는 것은 전혀 효과가 없는 행동이니 가급적 안 하는 것이 좋다.

아니면 이성적으로 계산하는 방법도 있다. 생각만 해도 날 움츠러들게 하고 나의 자존감을 깎아내리는 어떤 사건이 있다고 가정해보자. 그때 그 사건이 나의 힘으로 통제할 수 있는 것인지, 없는 것인지를 구분하는 것이다. 통제할 수 없다면 아무리 생각해도 변할 수가 없으므로 넘겨야 하고, 통제할 수 있는 일이라면 최대한 바꾸도록 노력한다. 나의 정신 건강을 위해서 내가 먼저 손 내밀고 풀어버린다는 마음가짐으로 감정을 대한다. 답이 없는 일을 혼자 끙끙 앓고 있는 것만큼 감정 낭비, 에너지 낭비하는 것이 없다. 나쁜 감정을 오래 붙잡고 놓지 않으면 감정이 병들어간다. 미련이 남아 오래 붙잡고 있는 감정이 있다면 최대한 멀리 훌훌 털어버리거나 그 자리에서 깔끔하게 포기하는 연습을 하자.

그리고는 날 좋아하려고 노력해야 한다. 정말 좋아할 때는 이유가 없듯이 날 좋아할 때도 이유 없이 좋아하자. 막연히 좋아하고 나의 편을 들어주다보면 장점이 하나둘 보이고 나를 좋아하는 근거들이 생긴다. 하지만 근거부터 찾으면 안 된다. 가령 내가 날 좋아하는 이유가 '목소리가 예뻐서'인데 나보다 목소리가 예쁜 사람을 찾았다면 그 순간 날 좋아하는 이유가 없어지기 때문이다. 그러므로 '난 내가 좋아서 목소리도 좋고 다 맘에 들어.' 라는 접근 방식으로 가야 한다. 날 아끼고 좋아한다면 나쁜 감정으로 인해 마음 쓰고 속상해하는 것을 길게 유지하지 않기 위해 빨리 정리하려고 할 것이다.

나쁜 감정은 실제로 나쁜 결과를 초래한다

주변에 매사 부정적인 친구가 있다면 당분간 만남을 자제하라. 우울한 시기에 누가 더 힘든지 경쟁이라도 하듯 서로 안 좋은 상황을 얘기하며 각자 힘든 것을 호소하고 헤어지는 만남은 절대로 도움이 되지 않는다. 눈앞의 문제를 계속 문제로만 인식하여 내 앞에 끌어온다면 또 하나의 장애물이 더해지는 것이다. 해결할 방법을 찾으면 금방 지나갈 수 있는 상황으로만 인식하자. 나쁜 감정을 계속 생각하고 있으면 해결되지 않은 상황에 가로막혀 멈추게 될 뿐이다.

고등학생 때 아버지가 나에게 자전거를 가르쳐주려고 타보라고 하셨다. 처음에는 넘어지지 않도록 뒤에서 잡아줄 테니 페달을 밟으라고 하셨다. 뒤에서 잡아주고 있으니 안심이 되어서 페달을 밟는 데만 집중할 수 있었다. 계속해서 페달을 밟는 것에만 열심히 집중하고 있는데 아버지의 웃음소리가 들려서 뒤돌아보니 아버지는 손을 놓고 나와 점점 멀어지고 있는 것이었다. 더 이상 아버지가 자전거를 잡아주지 않는다는 사실을 알자마자 페달에서 발이 떼졌고 그대로 옆으로 넘어졌다. 아버지는 내가 상당히 멀리 혼자서 갔다고 하시며 본인의 웃음소리를 참지 못한 것을 아쉬워하셨다. 아버지가 잡아주고 있다고 믿어서, 넘어지지 않을 거라는 확신했을 때는 잘 갔다. 하지만 아버지가 손을 놓아버린 것을 알았을 때는 불안함과 공포가 밀려오면서 발을 움직이지 않았고 결국 넘어졌다.

단지 내가 생각을 긍정적으로 하는가, 부정적으로 하는가에 따라 자전거 실력이 결정된 것은 우리의 생각이 행동에 실질적으로 어떤 영향을 미치는지 단적으로 보여주는 좋은 예다. 긍정적인 생각을 하면 좋다는 것이 추상적인 말이 아니라 실제 현상으로도 확인되기 때문이다. 따라서 나쁜 감정을 갖고 있으면 페달을 밟지 못하는 등 우리의 행동에도 제한이 생기고 좋은 결과가 나올 확률이 그만큼 줄어든다. 이 모든 상황을 인지하고 있다면 나쁜 감정을 버리는 것이 훨씬 수월할 것이다. 하지만 자신이 나쁜 감정 속에 빠져서 허우적댄다는 사실도 모르고 그저 누가 와서 구원해주길 바라는 사람도 있다. 감기에 걸렸을 때 약 먹고 잘 자면 며칠 후에 나을 거라는 걸 알기에 쉬면서 버텨낸다. 하지만 나쁜 감정 때문에 마음에 감기가 오면 좋아지는 방법도 모르고 벗어날 수 있을지도 모르기 때문에 감정이 왔다 갔다 하고 무기력해진다.

이때도 지친 마음을 쉬게 해주고 스트레스 요인으로부터 멀어지려 노력하고 즐거움을 찾으려 하면 얼마 지나지 않아 감기에서 벗어날 수 있다. 때로는 전보다 훨씬 더 좋아진다. 만약 내가 영화를 보면서 치유가 많이 됐다고 해도 이 방법을 모두에게 권유할 수는 없다. 나와의 끊임없는 대화를 하며 여러 가지를 시도해보고 가장 맞는 것을 찾아가야 하기 때문에 다른 사람에게는 맞지 않을 수 있다. 나쁜 감정을 버리기 위해 나에게 가장 효과적인 방법이 무엇인지 가장 마음에 드는 방법이 무엇인지 하나씩 시도해보는 것이 필요하다. 시도하는 과정에서 뜻밖의 힐링이 되거나 좋아하는 활동을 찾을 수도 있다. 나에 대해 완벽히 알고 있는 사람은 거의 없기에 끊임없이 찾는 시도를 게을리하지 않았으면 한다. 노력 없이는 아무것도 얻을 수 없다.

나의 자존감 연대기

주변을 환기시키지 않고
혼자 고여 있지는 않은지 둘러봐야 해

내가 직접 해소하든,
사람과의 대화를 통해서 해소가 되든,
완전 다른 일에 몰두하여 해소가 되든
상황을 환기시켜야
감정도 흘려보낼 수 있다는 걸 명심해

모든 것을 다 하려고
애쓰지 말자

"때론 텅 빈 페이지가 가장 많은 가능성을 선사하죠."
– 영화 〈패터슨(Paterso)〉, 2016

희망고문의 끝은 불행이다

누구나 자신이 완벽해진 모습을 상상한 적이 한 번씩은 있을 것이다. 나 또한 지금 가지고 있는 단점들이 없어지고 모두가 좋아하는 모습의 완벽한 나를 꿈꾼 적이 있다. 하지만 완벽이라는 것은 어려운 것을 넘어서서 불가능하다는 것을 알기에 상상으로 끝나는 경우가 대부분이다. 그래도 완전히 그 희망을 놓지 못하고 완벽에 가까워지기 위해 노력을 한다. '완벽'의 정의는 무엇일까? 우리가 알고 있는 뜻은 '완전무결하다'는 뜻이지만, 그 말은 본래 '고귀한 구슬을 끝까지 무사히 지킨다'는 뜻에서 유래되었다. 그렇다면 구슬을 지키기 위한 우리의 철저한 노력도 완벽이라고

나의 자존감 연대기

할 수 있지 않을까.

흔히 완벽, 성공, 행복 같은 단어들을 비슷한 부류로 묶어서 생각하며 행복해지려고 행복이라는 단어에 집착한다. 원하는 목표를 달성했다고 해서 영원한 행복이 보장되는 것도 아닌데 목표를 이루지 못하면 실패한 인생으로 치부하고 열심히 달려온 자신을 돌보는 것을 소홀히 한 채 계속 채찍질만 한다. 주위 사람들이 봤을 때는 충분히 잘하고 있고 쉬엄쉬엄 가도 될 텐데, 자신은 부족하다며 자책하는 사람을 본 적이 있다. 더 잘해야 하고 항상 잘해야 하고 주위의 기대에 부응해야 하면서 자기만족도 느껴야 한다고 세뇌하고 있었다. 나중에는 본질도 잊어버리고 그저 쉬면 도태될 것 같다는 생각에 목적 없이 저 앞만 보고 달리는 모습을 보니 얼마 못 가 방전될 것 같아서 매우 안쓰러웠다.

태어날 때부터 완벽주의적 성향을 타고났다고 말하는 사람이 있다. 그 사람이 알고 보면 개인이 아니라 사회로부터 영향을 받은 것은 아닌가 하는 생각이 들었다. 왜냐하면 세상은 어떠한 기준을 임의로 정해놓고 거기에 못 미치는 사람을 기준 미달로 만들어버리기 때문이다. 끊임없이 경쟁을 부추기고 그 안에서 살아남아야 가치 있는 삶을 살 수 있다고 말한다. 모든 사람이 다 존재만으로 가치 있고 귀하다고 말해주지 않는다. '1등만 기억하는 더러운 세상'을 욕하지만 1등이 되기 위해서 또는 1등을 유지하기 위해서 엄청난 힘을 쏟는 것이 현실이다.

오히려 완벽해지려고 발버둥 치는 아이들을 보며 위안이 된 적이 있다. 시험 기간에 완벽하게 100점을 받고 싶었지만 95점을 받아서 시험 망쳤다고 우는 아이들이 간혹 있었다. 그렇지만 나는 애초에 100점을 받을 실력이 안 된다는 것을 알아서 나에 대한 기대치가 낮고 70점을 받아도 울지 않았다. 또 어느 정도 공부를 잘하는 아이들은 조금만 더 하면 100점을 받을 수 있을 것 같아서 공부를 놓지 못하고 끝까지 붙잡고 있다. 그런 아이들의 시험 성적은 부모님이 기대를 하게끔 어느 정도 잘 나오니까 희망고문을 하는 것이다. 될것 같으면서 안 되는 아이를 보니 기대와 실망을 들락날락하며 본인 스스로 감정을 주체하지 못하는 것처럼 보였다. 매우 위태위태했다.

그에 비해 나는 공부 쪽은 아닌 것 같아 애초에 포기하고 다른 것들 중에서 할 수 있는 걸 고를 수 있어서 시간이 절약되고 스트레스도 상대적으로 덜 받은 셈이다. 때로는 스스로 통제할 수 없는 능력 밖의 일들을 과감하게 놓음으로써 완벽이라는 굴레에서 해방되어야 한다. 너무 완벽해지려고 애쓰지 마라. 완벽하지 않기에 인간이고, 완벽해지려고 노력하는 모습이 우리에게 감동을 준다. 만약에 정말 완벽한 사람이 있다면, 그 사람은 스스로 노력해본 적이 없으므로 완벽이라는 것이 얼마나 중요한지 알지 못할 것이다. 보람이나 성취감 등도 알지 못한 채 일상이 무료하고 지루할 것이다. 결국 자기 삶이 불행하다고 할지도 모른다.

현재 완벽하더라도
인생의 한 시기에 영원히 머물러 있을 수는 없다

2015년에 방영이 종료된 일본 TV 만화 중 〈원펀맨〉이라는 만화가 있다. 주인공은 괴수들을 물리치기 위해 훈련하여 우주 최강의 히어로가 되었다. 하지만 원 펀치로 모든 괴물을 한 방에 끝내버리며 재미없는 고독한 인생이 시작된다. 자기보다 더 센 상대는 없고 대충 휘두르면 나가떨어지는 것을 보며 희열을 느끼기보단 삶의 무료함을 느낀다. 진짜 강함은 남들에게 보이는 것이 아니라 자기 자신과의 싸움에서 이기는 것이라는 교훈을 준다. 이 만화를 보며 처음에는 원펀맨이 부러웠다. 그러나 괴물과 싸워서 이겨도 한결같은 무표정으로 살아가는 모습을 보며 '완벽한 사람의 마음도 저럴까?' 하는 생각이 들었다.

심지어 작년에 나왔던 의료 연구 결과가 올해에 완전히 반대되는 내용으로 바뀌기도 한다. 지구상에서 가장 똑똑한 사람들이 세우는 가설도 완벽하지 않아서 수시로 바뀌는 데 어떻게 완벽이라는 것을 정의하고 이룰 수 있을까. 완벽이라는 기준도 점점 기하학적으로 높아지고 있는지도 모른다. 지금의 기준으로 몇 백 년 전을 살았다면 완벽한 사람으로 보였을 수도 있다. 또는 우리가 그토록 되고 싶은 롤모델도 완벽한 사람이 아니다. 완벽에 가까운 것처럼 보이는 것뿐이다.

나는 한때 덜렁대고 쉽게 잃어버리고 잊어버리는 탓에 어떠한 실수도 하지 않고 살겠다며 완벽주의자를 자처한 적이 있다. 수첩에 모든 일정이나 준비물, 기억해야 하는 것 등을 적어 다니며 분신처럼 아꼈다. 그 수첩만 있으면 나는 완벽한 사람이 된 것 같아서 매우 기분이 좋았다. 가방에 넣고 다니면 깜빡 잊고 보지 않을까 봐 손에 쥐고 다녔었다. 어김없이 수첩을 들고 다니며 친구를 만났고 집에 오는 길에 버스에서 잠이 들었는데 내릴 때 그만 놓고 내렸다. 버스회사에 전화를 해도 찾을 수 없었고 나의 완벽한 수첩을 그렇게 떠나보냈다. 다행히 수첩에 개인 정보를 쓰진 않았지만 중요한 내용도 많이 들어 있어서 제발 주운 사람이 쓰레기통에 버려주길 바랐다.

　처음에는 수첩을 두고 내린 것을 알고 심장이 덜컥 내려앉으며 많이 당황했다. 하지만 내가 그동안 알게 모르게 수첩에 많이 의존하고 집착했다는 것을 알아서인지 오히려 수첩이 없어지고 나니 홀가분함과 동시에 '실수 조금 하면 뭐 어때.' 하는 마음가짐이 생겼다. 완벽해지는 완벽한 방법은 없다. 나라는 사람은 매사 노력하지만 실수를 안 할 수 없는 사람이고 다른 사람에 비해 자주 깜빡한다는 것을 인정하기로 했다. 그리고 나중에 실수를 다시 했을 때 '또 깜빡했군.' 정도로만 짚고 넘어가주었다. 스트레스를 받는다고 깜빡하지 않는 것이 아니기 때문이다.

완벽해질 수는 없지만 지금보다 좋아지기 위해서 할 수 있는 것은 분명히 있다. 첫째, 변화하고자 하는 의지가 필요하다. 의지가 곧 첫걸음이자 시작이기 때문이다. 둘째, 변화하는 방법을 알아야 한다. 업그레이드를 하기 위해 내가 할 수 있는 최선의 방법을 찾는다. 셋째, 변화가 없는 동안에도 좋아지고 있다는 믿음을 갖는 힘이 필요하다. 뾰루지를 덜 나게 하려고 좋은 제품을 발랐다고 해서 이미 나온 뾰루지가 들어가고 도자기 피부로 바뀌는 극적인 변화를 기대하면 안 된다. 당장 큰 변화가 없어도 피부 속부터 점점 좋아지고 있다는 긍정적인 믿음으로 하루하루 보내야만 한다. 네버랜드의 피터팬처럼 인생의 한 시기에 영원히 머물러 있을 수는 없다. 지금 완벽한 사람을 5년 뒤에 본다면 과거에 완벽했던 사람일 뿐이다. 앞으로 수많은 변화와 경쟁이 끊임없이 찾아올 텐데 그때마다 항상 완벽해지기 위해 자신을 몰아세워 평생 피 터지는 싸움을 할 수는 없지 않은가.

분명 남들보다 더 많은 시간을 들였는데

결과가 좋지 않아서

포기하고 싶을 때가 있어

반사적인 자기 탓은 옳지 않아

때로는 방법이 맞지 않아서일 수도 있으니

생각을 리셋해서

처음부터 다시 계획을 짜보자

인생 버킷리스트를
작성하자

"우린 이제 끝난 걸까?"
"바보. 아직 시작도 안 했어."
– 영화 〈키즈 리턴(キッズリタン)〉, 1996

버킷리스트를 작성하며 '원하는 것'의 의미를 정립한다

"생각대로 살지 않으면 사는 대로 생각하게 된다."

프랑스의 소설가 폴 부르제가 『정오의 악마』라는 책에서 한 말이다. 아무리 작은 목표라도 적어놓고 시각화하지 않으면 잊어버리게 되고, 우리는 그저 하루하루를 살아가는 것에만 치중할 것이다. 그렇기 때문에 내 삶의 방향성을 잃지 않기 위해 나의 생각을 버킷리스트로 시각화하는 것은 매우 중요하다. 허나 주변에서 버킷리스트 작성을 하고 죽기 전에 혹은 올해 안에 실천하겠다고 할 때 나는 선뜻 작성하지 못했다. 100% 실현 가능한 것을 적어야 할 것 같고, 적은 것은 책임지고 모두 달성해야만 할 것 같았다. 그러다 보니 적을 수 있는 목록에 한계가 생겼다. 그러나 막상 버킷리스트를 실천하는 지인들의 의견은 달랐다. 당연히 할 수 있을 것 같은 것도 막상 해보면 어려운 점이 있고, 생각지도 못했던 것이 쉽게 풀리기도 한다는 것이다. 이는 반드시 해봐야 알 수 있기 때문에 중간에 수정은 반드시 필요한 부분이라고 했다.

한 번 적으면 되돌릴 수 없다는 고정관념을 버리고 언제든 유동적으로 수정이 가능하다는 말에 용기를 얻어 적어가기 시작했다. 처음에는 하고 싶은 것, 갖고 싶은 것, 가고 싶은 곳 등을 순서 없이 한꺼번에 적어놓았더니 정리가 되지 않고 무엇부터 해야 할지 몰랐다. 그 부분을 참고해서 카테고리를 네개로 나누었는데 꿈, 재능 계발, 가족, 갖고 싶은 것이었다. 이 네가지는 각자의 리스트에 맞게 새로 만들면 된다. 카테고리를 나눠도 되고 안 나눠도 되지만 나는 나누는 것을 추천한다. 구체적일수록 실현 가능성이 커지고 실천 욕구가 생기기 때문이다.

꿈 카테고리는 추상적이지만 하고 싶은 것 위주로 적었다. 서울과 가까운 곳에 집 사기, 넓고 실용적인 차 사기, 여러 군데에서 돈을 벌 수 있는 수익 구조 만들기 등이 있다. 재능 계발 카테고리는 조금 더 구체적으로 나를 발전시키기 위해 배우고 싶은 것이나 새로운 취미 만들기이다. 영상

편집 기술 배우기, 책 쓰기, 필라테스 배우기 등이 있다. 가족 카테고리는 내가 가족과 하고 싶은 것을 적었다. 가족과 크루즈 여행 가기, 가족과 유럽 여행 가기, 5년마다 가족사진 찍기, 건강 검진 같이 가 드리기 등으로 했다. 마지막 갖고 싶은 것 카테고리는 작은 것부터 큰 것까지 갖고 싶었던 것을 적고 상을 주는 식으로 한 가지씩 나에게 선물 할 예정이다.

버킷리스트를 만들다 보면 적는 도중에 좋은 아이디어가 떠오르거나 수정하고 싶은 부분이 생긴다. 또 간단하게 적기만 했는데도 목록의 순서가 어렴풋이 정해지는 듯한 느낌을 받는다. 추상적인 목록은 실현하기 위해서 구체적으로 계획을 짜게 되기 때문에 걱정할 것 없다. 여기서 한 가지 명심하면 좋을 것이 있다. 버킷리스트의 뜻은 죽기 전에 꼭 해야 할 일 또는 해보고 싶은 일을 적은 목록이란 뜻이다. '꼭 이뤄야 할 일'이 아니다. 만약 실패했더라도, 해봤다면 못해서 남는 후회는 없을 것이다. 이루기 위해 시도하고 노력하는 '경험'을 느끼는 과정이다. 나처럼 이루지 못할 것을 염려하여 종이에 적는 것조차 망설이고 있다면 일단 적어라.

버킷리스트 중 '갖고 싶은 것' 카테고리는 따로 떼어서 '위시리스트'로 자세히 적어놓는 편이다. 위시리스트는 원하는 물건을 목록으로 만들어 놓은 것이다. 당장 사야 할 것과 천천히 사도 되는 것이 있고 꼭 필요한 것과 굳이 없어도 되는 물건들이 있다. 그것들을 분류하여 빨리 사야 하는 것부터 적어놓았더니 한 달 뒤에는 필요 없어진 물건이 생겨서 목록을 수정하게 되었다. 그리고 갖고 싶은 것이 있으니 더 열심히 일하게 되고, 목록이 어느 정도 정해져 있으니 충동구매도 줄어든다. 가장 좋았던 점은 버킷리스트를 이루기 위해 사야 할 물건도 포함시키다 보니 위시리스트를 보는 것만으로도 버킷리스트에 대한 동기부여를 시각화하는 효과가 있었다.

단 하나뿐인 나의 꿈은 그 누구의 어떤 꿈보다도 소중하다

버킷리스트와 위시리스트를 어떻게 작성하느냐에 따라 지키고 싶은 삶의 지표가 될 수도 있고 그저 숙제로 느낄 수도 있다. 꿈이 없는 것보다 많은 것이 좋지만 터무니없거나 실현 가능성이 굉장히 희박한 것은 지양하는 것이 좋다. 예전에 버스를 타고 어디론가 이동하는 중에 두 명의 고등학생이 내 뒷자리에 앉아 있었다. 한 명이 다른 한 명에게 버킷리스트가 있냐는 질문을 했고 다른 한 명이 이렇게 답했다. "그거 히말라야 등반 성공하기, 세계 일주하기처럼 엄청 어려운 걸 하면서 성취감 느끼는 거 아니야?" 나는 그 말을 듣고 버킷리스트에 대해 제대로 말해주고 싶은 마음이 굴뚝같지만 참았다.

버킷리스트는 각자 저마다의 계획과 목표를 세우고 도전과 성취를 맛

나의 자존감 연대기

보는 것이다. 하루하루를 그냥 사는 것과 인생을 여행하듯이 사는 것은 굉장히 큰 차이가 있다. 100가지의 여행지 중 열군데를 여행했다면, 좋았던 곳과 안 좋았던 곳이 있을 것이다. 여행을 하면서 내가 달리 보였을 수도 있고 나에게 실망했을 수도 있다. 그 모든 것을 잊지 않되, 미련 없이 흘려보내야 다음 여행지로 떠날 수 있다. 여행지를 이동하면서 점점 나은 모습을 발견할 것이다. 사소한 문제로 그 자리에 멈춰서 좌절하기엔 우리의 시간이 너무나 아깝다. 90가지의 다음 모험이 우리를 기다리고 있다.

혹시 지금 삶의 여유도 없고 버킷리스트를 생각할 시간도 없다며 버킷리스트에 대해 비관적으로 생각하는 사람도 있을 것이다. 그런 경우는 다른 사람의 버킷리스트와 나의 버킷리스트를 비교하기 때문인 경우가 많다. 나의 목록에 있는 '가족과 크루즈 여행 가기' 이것만 해도 가족이 다섯 명이기 때문에 금액이 상당히 많이 들어갈 것이라 생각된다. 하지만 유튜브에 올라온 다른 사람들의 꿈의 목록을 보면 요트 사기, 강원도에 별장 갖기 등 상상을 초월하는 것들도 많다. 하지만 이 꿈의 목록은 이루어진 것이 아니라 원하는 것이다. 실제로 요트를 살 수 있는지 강원도에 별장을 가질 수 있는지는 아무도 모른다. 말 그대로 죽기 전에 갖고 싶은 것 중에 하나이고, 그 목표를 위해 열심히 살겠다는 의지도 함께 보여주는 것이다.

나는 고등학생 때 하루 용돈이 1,000원이었다. 친구들 중에서 한 달에 10만 원을 받는 아이도 있고 일주일에 5만 원을 받는 아이도 있었다. 처음에는 너무 비교되고 창피해서 혼자 열등감을 느꼈다. 하지만 그 감정은 잠깐일 뿐, 다 같이 시내에 가서 돈가스를 먹기로 약속이 생기자 나는 일주일 동안 용돈을 쓰지 않고 모았다. 결국 시내에 가서 돈가스도 맛있게 먹고 스티커 사진도 찍을 수 있었다. 만약 그때 부정적으로만 생각했다면 우리 집의 경제 상황을 원망스러워하고 친구들을 피해 다녔을지도 모른다. 하지만 주어진 돈을 아끼고 모아서 쓰다 보니 또래보다는 경제관념이 일찍 잡히고 부모님이 힘들게 버신 돈을 쓸데없는 곳에 쓰지 않게 되었다.

내가 가진 것과 남이 가진 것을 비교하는 것은 옳지 않다. 우리 개개인의 생각은 너무나 다르고 같은 것에 대해 느끼는 가치도 제각각이다. 그것은 당연한 이치다. 그런데 꿈마저 남들과 비교해서 자기의 것이 초라하다고 생각하는 것은 정말 이치에 맞지 않는 것은 없다. 절대로 꿈을 남과 비교하지 말아라. 단 하나뿐인 나의 꿈은 그 누구의 어떤 꿈보다 소중하다.

하고 싶은 것이 많을 때나 적을 때
모두 문제 될 것은 없어

많을 때는 분류를 잘해서 작성하면 되고
적을 때는 하나하나 온전히 집중할 수 있는 장점이 있지
다 이뤄가다 보면 파생되는 리스트가 떠오를지도 몰라

하고 싶은 것이 많아야만 좋은 것은 아니야
리스트를 적고 진심으로 노력하는 과정을 응원할게

어른이 된 나의 행복,
자존감이 결정한다

남들은 나를 신경 안 쓰는데 나는 왜 그들을 24시간 신경 쓰는 걸까? 상대방이 내 부탁을 거절해도 난 크게 신경 안 쓰는데 나는 뭐가 두려워서 거절을 못 하는 것일까? 살면서 나한테 그렇게 큰 도움도 주지 않은 사람들 때문에 대부분의 시간을 눈치만 보며 살고 있는 나 자신을 보게 되었다. 그 순간 너무 짜증 나고 자존심이 상했다. 얼마나 바보 같아 보였을지 생각만 해도 눈을 질끈 감게 되었다.

처음에는 욱해서 나 하고 싶은 대로 했다. 막상 그렇게 지내보니 주변에서도 별로 신경 쓰지도 않고 무엇보다 내 마음이 너무 편했다. 진작 이렇게 지내지 못한 것이 너무 속상했지만 지금이라도 한시름 놓고 살 수 있게 되어서 마음이 한결 가벼웠다. 내가 눈치를 보며 살든 지금처럼 마음 편하게 살든, 나에게 시비 걸 사람은 걸고 나에게 잘해줄 사람은 잘해준다.

중요한 것은 '나'다. 지금 내가 어떤 기분인지 그것을 어떻게 표현하는 게 맞는지 정하는 것도 나다. 변하지 않을 나만의 묵직한 주관을 깊이 새기고 그대로 밀고 나갈 수 있는 용기가 필요하다. 나조차 시시때때로 변하는 나를 한 번에 파악하기 힘든데, 남들이 나에 대해 책임감 없이 던진 말에 몇 날 며칠 심각해지지 말자.

그것은 나만의 개인적인 생각이고 그 사람을 나의 한마디로 판단할 수 없다는 것을 우리도 알고 있다. 남들이 나에게 지나가며 하는 말들도 같은 것이다. 걱정과 위로와 관심과 충고로 포장된 그들의 개인적인 의견일 뿐인 것이다. 받아들일지 말지는 스스로 결정하자.

한때 마음을 성형하는 것에 집중하던 시기가 있었다. 부정적인 생각을 반대로 좋게 생각하려고 연습 아닌 연습을 했다. 다른 것은 잘되다가 유독 한 가지 포인트에서 생각이 뜻대로 전환되지 않았다. 그 당시에는 나를 '좋게'만 바꾸려고 했지 나를 '알려고' 하지 않았던 것이다. 나를 제대로 알지 못하는 상황에서 아무리 좋은 방법을 쓰고 노력해도 결국은 겉돌고 제자리로 돌아오는 것을 보게 됐다.

그 후에는 더 나은 사람이 되는 것에 집착하며 욕심을 부리기보다는 아주 작은 부분이라도 나의 마음이 내는 소리에 집중하려고 했다. 결국 해답도 그 안에서 찾을 수 있었다. 나를 진정으로 알아야 한다는 말이 어렵게 느껴질 수 있다. 철학자인 소크라테스의 명언 '너 자신을 알라'와 비슷한 맥락이다. 소크라테스는 '무지의 지'를 강조했다고 한다. 자신이 무지하다는 것을 인지해야 배울 수 있기 때문이다. 더 정확히 말하면 모든 일을 알기에 앞서 자신이 아무것도 모름을 알아야 한다는 것이다.

자존감을 높이는 방법을 나를 높이 세우거나 무조건적인 존중을 하는 것으로 잘못 알고 있는 사람들이 꽤 많다. 이것은 삐뚤어진 자기애로 발전할 가능성이 크다. 나를 중심에 둔다는 것은 모든 일이 나를 중심으로 돌아가야 하고 내가 우선이라는 뜻이 아니다. 남을 신경 쓰느라 자기에게 소홀하고 항상 뒷전인 사람에게 해주는 말이다. 마음의 소리를 들으려 하지 않고 외면하며 주위 사람들의 말만 듣는다면 언젠가는 한계에 부딪혀 삶의 공허함을 느껴버리게 된다. 그렇게 되기 전에 구석에서 움츠리고 있는 나를 주기적으로 꺼내주자.

굉장히 의존적인 내가, 그래서 부당한 대접을 받으면서도 관계를 끊지 못하던 내가, 이제는 혼자만의 시간을 일부러 내기도 한다. 그동안 정말 많은 변화가 일어났다. 혼자 있다는 것은 창피하고 외로운 것이라고 생각하던 때가 있었다. 하지만 지금은 주위의 시선으로부터 자유로워지고 나

　　　　　　　　　　　　　　　나의 자존감 연대기

를 위해 투자하는 시간이라고 생각한다. 마음의 독립을 비로소 할 수 있게 되면서 관계에 대한 여유로움이 생겼다. 사람에게 집착하지 않고 불안해하지 않고 살게 되었다.

이렇게 변화하려고 끊임없이 노력하는 이유는 뭘까. 잔인하지만 누구도 내 옆에 평생 있어줄 수 없다는 걸 알고 나서부터이다. 때가 되어 누군가 날 떠나갈 때마다 상처받고 그 자리에 멈춰 서서 지난날의 추억에 젖어 있거나 혹은 자책하며 살 수만은 없다는 걸 알아버렸다. 다음에 누군가가 나타나서 날 위로해주고 또다시 보듬어주겠지 하는 안일한 생각으로 버틸 수 없었다. 최악의 상황에서도 도움 없이 잘해낼 수 있다는 걸 스스로 보여주고 싶었다. 그래서 자존감이 강해지고 싶었고 이루어냈다.

나처럼 무엇부터 해야 할지 몰라서 방황할 수 있다. 그런 분들에게 최대한 적게 돌아가며 부작용 없는 나만의 방법이 모두에게 통했으면 하는 마음이다. 상처를 잘 받고 예민하다는 것은 그만큼 마음이 연하고 부드럽다는 반증이다. 연한 마음속에 강한 마음 근육을 키워서 굳은살이 없어도 모두 스스로를 지킬 수 있는 날이 오길 바란다.